CW01149681

BIÈRES
DU MONDE ENTIER

Armand Lanoux

INTRODUCTION..3
BIÈRE ANGLAISE..5
1. Amber Ale...6
deux. IPA..12
3. Ble aux abricots..18
Quatre. Ale de la Ferme Saison...............................24
5. Pale Ale sans gluten......................................29
6. stout moka..35
BIÈRES DU MONDE ENTIER.......................................41
7. Alster ou Alsterwasser....................................42
8. American Juniper Wild Ale.................................43
9. Biobier...46
10. Noir et beige....................................cinquante
11. Blonde van Vlaanderen....................................51
12. chicha54
13. Chocolat / Lager Ale.....................................56
14. framboise..58
15. Bière de gingembre.......................................60
16. Bière sans gluten..63
17. Bière Gratzer.................................Soixante-cinq
18. Liège Saison...67
19. Malzbier...69
20. Bière à la citrouille de Noël............................71
21. Recette Umqombothi.......................................73
22. No Fail Stout (sans gluten)..............................75
2. 3.   Bière à la mélasse..................................77
24. Porter de genévrier biologique...........................80
25. Brasserie Grain d'Orge...................................82
26. Bière de pomme de terre..................................85
27. Bière pâle au quinoa.....................................87
28. Radlermass...89
29. Avantage...90
30. Shandy...92
31. Bière de sorgho..93
32. Bière aigre..95
33. Bière épicée Soltice....................................100

3. 4.   Triple Duvet Belge..102
35. Wee lourd...104
36. Mangouste...106
37. Bière aux épices et aux herbes.............................109
38. gardien de but balte..111
39. stout irlandais..113
40. Lager brune tchèque...115
41. Smoking Speedo IPA Noir..................................117
42. Dunkelweizendoppelbock..................................119
43. Tripler...122
44. Allemand Pilsner..124
Quatre cinq...
Seigneur diable vagabond......................................126
46. Porter au basilic vieilli et framboises..................128
47. Bière de sapin..130
48. Bière à l'ortie...132
49. Bière NorCal Gose..134
cinquante.
Root beer lacto-fermentée.....................................137
51. Vieille bière de garde américaine......................139
52. Châtaignier Urbain Hallertau Wolamot Doppelbock.........141
53. Petite Saison Fantôme......................................143
54. Recette de bière brune au lapin blanc................145
CONCLUSION..147

BIÈRES DU MONDE ENTIER par Armand Lanoux
© COPYRIGHT 2020
TOUS LES DROITS SONT RÉSERVÉS.

Ce document vise à fournir des informations précises et fiables sur le sujet et le sujet abordés. La publication est vendue avec l'idée que l'éditeur n'est pas obligé de fournir des services comptables, officiellement autorisés ou autrement qualifiés. Si un avis juridique ou professionnel est nécessaire, il doit être demandé à une personne exerçant la profession. D'une déclaration de principes qui a été acceptée et approuvée à parts égales par un comité de l'American Bar Association et un comité d'éditeurs et d'associations. Il n'est en aucun cas légal de reproduire, dupliquer ou transmettre toute partie de ce document, que ce soit sur support électronique ou imprimé. L'enregistrement de cette publication est strictement interdit et le stockage de ce document n'est pas autorisé sauf avec l'autorisation écrite de l'éditeur. Tous les droits sont réservés. Les informations fournies dans ce document sont déclarées vraies et cohérentes, en ce sens que toute responsabilité, en termes de manque d'attention ou autre, pour toute utilisation ou abus des politiques, processus ou instructions qui y sont contenus, est de la seule responsabilité et absolue. du lecteur récepteur. En aucun cas, l'éditeur ne pourra être tenu responsable de toute réparation, dommage ou perte monétaire dus aux informations contenues dans ce document, que ce soit directement ou indirectement. dans le sens où toute responsabilité, en termes d'inattention ou autre, pour toute utilisation ou abus des politiques, processus ou instructions qui y sont contenus, est la seule et absolue responsabilité du lecteur destinataire. En aucun cas, l'éditeur ne pourra être tenu responsable de toute réparation, dommage ou perte monétaire dus aux informations contenues dans ce document, que ce soit directement ou indirectement. dans le sens où toute responsabilité, en termes d'inattention ou autre, pour toute utilisation ou abus des politiques, processus ou instructions qui y sont contenus, est la seule et absolue responsabilité du lecteur destinataire. En aucun cas, l'éditeur ne pourra être tenu responsable de toute réparation, dommage ou perte monétaire dus aux informations contenues dans ce document, que ce soit directement ou indirectement.

INTRODUCTION

Vous avez donc décidé de faire votre propre bière à la maison. Toutes nos félicitations! Vous êtes sur le point de vous lancer dans une entreprise merveilleuse et gratifiante presque aussi vieille que l'humanité elle-même. Mais il n'y a aucune raison de se laisser intimider. Bien que les gens brassent de la bière depuis des millénaires, le processus de base est resté en grande partie le même au fil des siècles. Ce livre électronique discutera de certaines des recettes les plus simples à essayer à la maison.

Pour vos premières bières, il est conseillé de commencer par un kit : les canettes ou boîtes de sirop épais et collant que vous mélangez avec de l'eau et fermentez dans un seau. N'hésitez pas à vous lancer et à acheter les éléments supplémentaires dont vous avez besoin pour créer un lot à partir de zéro, mais il y a quelques raisons de garder les choses aussi simples que possible pour les premiers lots.

Beaucoup de travail est consacré à la conception de bières en kit, et ils ont tendance à créer des bières classiques pour le style. La plupart des kits ont le potentiel de vous offrir une excellente bière ; Pour cette raison, combinée à son faible coût, de nombreuses personnes sont heureuses de ne jamais passer au brassage de grains entiers.

Il y a beaucoup moins de processus impliqués dans la fabrication d'une bière en kit et donc il y a moins de pièces qui peuvent mal tourner. Cela augmente les chances de boire une bonne bière en quelques semaines. Les bières en kit vous donneront l'occasion de mettre en pratique certaines des compétences clés impliquées dans la fabrication d'une bière à grains entiers. Fondamentalement, vous devrez vous habituer au flux de travail sanitaire - tout ce que la bière touche doit être nettoyé puis désinfecté au préalable.

Le seul problème avec les kits est généralement leurs instructions défectueuses. Jetez-les et suivez-les sur place. Ils peuvent sembler trop pleins - c'est intentionnel Je veux vous présenter les bonnes pratiques de brassage qui vous aideront à l'avenir. Commencez comme vous voulez continuer. Prenez votre temps. Ça ira. Dans votre kit, vous aurez une boîte d'extrait de houblon et de levure. Ils vous séduiront avec des phrases comme «ajoutez simplement du sucre et de l'eau». Si vous voulez une bière normale, suivez leurs instructions. Mais le chapitre suivant vous guidera vers de très bonnes bières à partir de ces mêmes kits peu coûteux.

Voici tout ce que vous devez savoir pour faire le kit de bière parfait :

- Extrait de malt avec houblon
- Levure sèche
- Sucre et extrait sec de malt
- L'eau
- Sauter

Commençons!

BIÈRE ANGLAISE

Amber Ale

FAIT 1 GALLON

- 2 cuillères à soupe d'extrait de malt sec
- 1 tasse d'eau bouillante
- 1½ cuillères à soupe (½ tube) de levure de bière californienne liquide
- 2 gallons d'eau
- 8 tasses / 2 lb de malt pale ale, moulu
- 2 tasses / 8 onces de malt au miel, moulu
- ½ tasse / 2 onces 15 malt verre preuve, moulu
- ½ tasse / 2 onces de malt en verre à 40 degrés, moulu
- ½ tasse / 2 onces de malt de blé, moulu

- 1 cuillère à soupe / 0,3 onces / 10 grammes de houblon Fuggle (amer)
- ½ cuillère à soupe / .17 onces / 5 grammes de houblon Saaz (arôme) cuillère à café de mousse d'Irlande séchée
- ½ cuillère à soupe / 0,17 onces / 5 grammes de houblon Saaz (arôme)
- 3 cuillères à soupe / 1 once de sucre de maïs dissous dans ½ tasse d'eau bouillante et refroidi, pour la mise en bouteille

1 Préparez le levain 6 à 12 heures avant de le préparer. Désinfectez un pot Mason de 1 pinte et une cuillère. Incorporer l'extrait de malt dans l'eau bouillante jusqu'à ce qu'il se dissolve et refroidisse à température ambiante dans le bocal. Ajouter la levure et couvrir le bocal avec un morceau de pellicule plastique fixé avec un élastique. Secouez bien le pot et laissez reposer jusqu'à ce que vous en ayez besoin. Le démarreur devrait devenir mousseux au bout de quelques heures et vous verrez de petites bulles éclater à la surface du liquide.

2 Dans une grande casserole à feu vif, chauffez 1 gallon d'eau à 160 °F. Ce faisant, préchauffez votre four à 150 °F à 155 °F pour créer un environnement agréable et confortable pour broyer les haricots. Si vous n'avez pas de four à ce réglage bas, ou si vous n'avez pas de thermomètre de four, chauffez simplement votre four pendant environ 5 minutes au réglage le plus bas. Éteignez le four une fois qu'il est chaud.

3 Pour réduire en purée, retirez la casserole d'eau du feu, versez tous les grains (malt de pale ale, malt de miel, malt de verre à 15 degrés, malt de verre à 40 degrés et malt de blé) dans l'eau et remuez. Vérifiez la température de la purée avec un thermomètre à lecture instantanée. Remuer jusqu'à ce qu'il atteigne au moins 155 ° F.

4 Couvrez la casserole et mettez-la au four. Réglez une minuterie sur 1 heure. Toutes les 15 minutes, retirez la casserole, remuez les haricots et vérifiez la température. Maintenez une température de purée de 150 ° F à 155 ° F. Si la température commence à descendre en dessous de 150 ° F, placez la casserole sur le brûleur pendant une minute ou deux pour la réchauffer. S'il fait trop chaud, retirez la purée du feu pendant quelques minutes pour baisser la température.

5 Après 1 heure, les haricots sont moulus. Si vous avez des problèmes de températures élevées ou basses, laissez la purée encore 15 minutes au four pour vous assurer que tout le sucre a été retiré.

6 Placer la casserole sur la cuisinière et chauffer la purée à 170°F. La maintenir à cette température pendant environ 10 minutes. Tout en faisant cela, chauffez le 1 gallon d'eau restant dans une casserole séparée à environ 170 ° F pour l'utiliser à l'étape suivante.

7 Pour arroser les haricots, placez une grande passoire sur une autre grande casserole, votre seau de fermentation ou un autre récipient assez grand pour contenir tout le liquide de l'étape de purée, et placez-le dans votre évier de cuisine. Versez les haricots écrasés dans la passoire. Le liquide, maintenant appelé moût, s'accumulera dans le pot ci-dessous. Versez lentement la moitié de l'eau tiède sur les haricots en les rinçant uniformément.

8 Nettoyez le pot utilisé pour faire la purée et remplacez la passoire par les grains utilisés dans ce pot. Versez à nouveau le moût dans les grains. Répétez cette étape de bouillonnement deux fois de plus, en terminant par le moût de retour dans son pot d'origine. Ajoutez suffisamment d'eau tiède supplémentaire

pour obtenir environ 1 ½ gallon de moût total, en mesurant en fonction de la taille de votre pot (un pot de 2 gallons sera aux trois quarts plein). La quantité d'eau supplémentaire nécessaire variera en fonction de la quantité de liquide absorbée par les haricots pendant le brassage. Jeter les grains usagés.

9 Portez le moût à ébullition à feu vif sur la cuisinière. Cela prendra 30 à 45 minutes. Surveillez la pause chaude et veillez à ce que le moût ne bouille pas pendant que cela se produit. Remuez le moût ou baissez le feu au besoin.

10 Réglez une minuterie sur 1 heure et ajoutez 1 cuillère à soupe de houblon Fuggle à l'amer. Avec 20 minutes restantes, ajoutez ½ cuillère à soupe de houblon Saaz Wavoring et de mousse d'Irlande. Avec 1 minute restante, ajoutez ½ cuillère à soupe de houblon Saaz pour l'arôme.

11 Préparez un bain de glace dans votre évier. Refroidissez le moût à environ 85 ° F, en changeant l'eau du bain de glace au besoin.

12 Désinfectez votre seau et couvercle de fermentation, votre sas, votre cuillère à long manche, votre passoire, votre entonnoir et votre hydromètre. Placez la passoire sur le seau de fermentation de 2 gallons. Si vous le souhaitez, tapissez la passoire d'un essuie-tout Qour ou de plusieurs couches de gaze (désinfectées en les trempant dans la solution désinfectante). Filtrer le moût dans le seau de fermentation. Assurez-vous que vous avez environ 1 gallon de moût. Ajoutez plus d'eau si nécessaire. Prenez une lecture de l'hydromètre pour déterminer la gravité d'origine.

13 Versez le levain dans le moût et remuez vigoureusement pour répartir la levure et aérer le moût. Monter le couvercle et

insérer le sas. Placez le seau à l'écart, à l'abri de la lumière directe du soleil et à température ambiante modérée. Vous devriez voir une fermentation active comme en témoignent les bulles dans le sas dans les 48 heures.

14 Laissez la bière fermenter sans être dérangée pendant au moins 3 jours ou jusqu'à 7 jours, jusqu'à ce que la fermentation se soit calmée et que les sédiments créés pendant le brassage aient eu une chance de se déposer. À ce stade, la bière est prête à être transférée des sédiments dans une plus petite cruche de 1 gallon pour une fermentation secondaire plus longue.

15 Désinfectez une cruche de 1 gallon, son capuchon, son bâtonnet, son embout, son tuyau de siphon et son collier de serrage. Siphonnez toute la bière dans la chope. Inclinez le seau vers la fin pour extraire tout le liquide. Arrêtez-vous lorsque vous voyez le liquide dans le tuyau devenir trouble avec des sédiments. Fermez le pot avec son bouchon. Désinfectez le sas et insérez-le dans le bouchon du bocal. Laissez reposer dans un endroit frais et sombre pendant 2 semaines.

16 Pour embouteiller la bière, désinfectez un pot, un hydromètre, dix bouteilles de bière de 12 onces ou six bouteilles de bière de 22 onces, leurs bouchons, le tuyau du siphon, le bâton de soutirage, son embout et le remplisseur de bouteilles. . Siphonnez ½ tasse de bière dans l'hydromètre et utilisez-le pour déterminer la gravité Hnal. Buvez la bière ou versez-la dans la chope après utilisation.

17 Versez la solution de sucre de maïs dans la casserole. Siphonner la bière dans une casserole pour la mélanger à la solution de sucre de maïs, en éclaboussant le moins possible. Siphonner la bière dans les bouteilles, le capuchon et l'étiquette.

18 Laissez les bouteilles reposer à température ambiante, à l'abri de la lumière directe du soleil, pendant au moins 2 semaines jusqu'à ce qu'elles soient complètement carbonisées. Se conserve jusqu'à 1 an. Réfrigérer avant de servir.

IPA

FAIT 1 GALLON

- 2 cuillères à soupe d'extrait de malt sec
- 1 tasse d'eau bouillante
- 1½ cuillères à soupe (½ tube) de levure de bière californienne liquide
- 2 gallons d'eau
- 8 tasses / 2 lb de malt américain à 2 rangs, moulu
- 2 tasses / 8 onces de malt Maris Otter, moulu
- 2 tasses / 8 onces de malt cristallin 20 preuve, moulu
- 2½ cuillères à soupe / 0,87 onces / 25 grammes de houblon Cascade (amer)
- 1 cuillère à soupe / 0,3 once / 10 grammes de houblon Cascade (arôme)
- ⅛ cuillère à café de mousse d'Irlande séchée
- 1 cuillère à soupe / 0,3 onces / 10 grammes de houblon Cascade (arôme)

- 3 cuillères à soupe / 1 once de sucre de maïs dissous dans ½ tasse d'eau bouillante et refroidi, pour la mise en bouteille

1 Préparez le levain 6 à 12 heures avant de le préparer. Désinfectez un pot Mason de 1 pinte et une cuillère. Incorporer l'extrait de malt dans l'eau bouillante jusqu'à ce qu'il se dissolve et refroidisse à température ambiante dans le bocal. Ajouter la levure et couvrir le bocal avec un morceau de pellicule plastique fixé avec un élastique. Secouez bien le pot et laissez reposer jusqu'à ce que vous en ayez besoin. Le démarreur devrait devenir mousseux au bout de quelques heures et vous verrez de petites bulles éclater à la surface du liquide.

2 Dans une grande casserole à feu vif, chauffez 1 gallon d'eau à 160 °F. Ce faisant, préchauffez votre four à 150 °F à 155 °F pour créer un environnement agréable et confortable pour

broyer les haricots. Si vous n'avez pas de four à ce réglage bas, ou si vous n'avez pas de thermomètre de four, chauffez simplement votre four pendant environ 5 minutes au réglage le plus bas. Éteignez le four une fois qu'il est chaud.

3 Pour réduire en purée, retirez la casserole d'eau du feu, versez tous les grains - malt américain à 2 rangs, malt Maris Otter et malt de verre 20 proof - dans l'eau et remuez. Vérifiez la température de la purée avec un thermomètre à lecture instantanée. Remuer jusqu'à ce qu'il atteigne au moins 155 ° F.

4 Couvrez la casserole et mettez-la au four. Réglez une minuterie sur 1 heure. Toutes les 15 minutes, retirez la casserole, remuez les haricots et vérifiez la température. Maintenez une température de purée de 150 ° F à 155 ° F. Si la température commence à descendre en dessous de 150 ° F, placez la casserole sur le brûleur pendant une minute ou deux pour la réchauffer. S'il fait trop chaud, retirez la purée du feu pendant quelques minutes pour baisser la température.

5 Après 1 heure, les haricots sont moulus. Si vous avez des problèmes de températures élevées ou basses, laissez la purée encore 15 minutes au four pour vous assurer que tout le sucre a été retiré.

6 Placer la casserole sur la cuisinière et chauffer la purée à 170°F. La maintenir à cette température pendant environ 10 minutes. Tout en faisant cela, chauffez le gallon d'eau restant à environ 170 ° F dans une casserole séparée pour l'utiliser à l'étape suivante.

7 Pour arroser les haricots, placez une grande passoire sur une autre grande casserole, votre seau de fermentation ou un autre

récipient assez grand pour contenir tout le liquide de l'étape de purée, et placez-le dans votre évier de cuisine. Versez les haricots écrasés dans la passoire. Le liquide, maintenant appelé moût, s'accumulera dans le pot ci-dessous. Versez lentement la moitié de l'eau tiède sur les haricots en les rinçant uniformément.

8 Nettoyez le pot utilisé pour faire la purée et remplacez la passoire par les grains utilisés dans ce pot. Versez à nouveau le moût dans les grains. Répétez cette étape de bouillonnement deux fois de plus, en terminant par le moût de retour dans son pot d'origine. Ajoutez suffisamment d'eau tiède supplémentaire pour obtenir environ 1 $\frac{1}{2}$ gallon de moût total, en mesurant en fonction de la taille de votre pot (un pot de 2 gallons sera aux trois quarts plein). La quantité d'eau supplémentaire nécessaire variera en fonction de la quantité de liquide absorbée par les haricots pendant le brassage. Jeter les grains usagés.

9 Portez le moût à ébullition à feu vif sur la cuisinière. Cela prendra 30 à 45 minutes. Surveillez la pause chaude et veillez à ce que le moût ne bouille pas pendant que cela se produit. Remuez le moût ou baissez le feu au besoin.

10 Réglez une minuterie sur 1 heure et ajoutez les 2$\frac{1}{2}$ cuillères à soupe de houblon Cascade à l'amer. Lorsqu'il reste 20 minutes, ajoutez 1 cuillère à soupe de houblon Cascade pour l'assaisonnement et la mousse d'Irlande. Avec 1 minute restante, ajoutez les 1 cuillère à soupe de houblon Cascade restante pour l'arôme.

11 Préparez un bain de glace dans votre évier. Refroidissez le moût à environ 85 ° F, en changeant l'eau du bain de glace au besoin.

12 Désinfectez votre seau et couvercle de fermentation, votre sas, votre cuillère à long manche, votre passoire, votre entonnoir et votre hydromètre. Placez la passoire sur le seau de fermentation de 2 gallons. Si vous le souhaitez, tapissez la passoire d'un essuie-tout Qour ou de plusieurs couches de gaze (désinfectées en les trempant dans la solution désinfectante). Filtrer le moût dans le seau de fermentation. Assurez-vous d'avoir au moins 1 gallon de moût. Ajouter plus d'eau si nécessaire. Prenez une lecture de l'hydromètre pour déterminer la gravité d'origine (voir le manuel du brasseur).

13 Versez le levain dans le moût et remuez vigoureusement pour répartir la levure et aérer le moût. Monter le couvercle et insérer le sas. Placez le seau à l'écart, à l'abri de la lumière directe du soleil et à température ambiante modérée. Vous devriez voir une fermentation active comme en témoignent les bulles dans le sas dans les 48 heures.

14 Laissez la bière fermenter sans être dérangée pendant au moins 3 jours ou jusqu'à 7 jours, jusqu'à ce que la fermentation se soit calmée et que les sédiments créés pendant le brassage aient eu une chance de se déposer. À ce stade, la bière est prête à être transférée des sédiments dans une plus petite cruche de 1 gallon pour une fermentation secondaire plus longue.

15 Désinfectez une cruche de 1 gallon, son capuchon, son bâtonnet, son embout, son tuyau de siphon et son collier de serrage. Siphonnez toute la bière dans la chope. Inclinez le seau vers la fin pour extraire tout le liquide. Arrêtez-vous lorsque vous voyez le liquide dans le tuyau devenir trouble avec des sédiments. Fermez le pot avec son bouchon. Désinfectez le sas et insérez-le dans le bouchon du bocal. Laissez reposer dans un endroit frais et sombre pendant 2 semaines.

16 Pour embouteiller la bière, désinfectez un pot, un hydromètre, dix bouteilles de bière de 12 onces ou six bouteilles de bière de 22 onces, leurs bouchons, le tuyau du siphon, le bâton de soutirage, son embout et le remplisseur de bouteilles. . Siphonnez ½ tasse de bière dans l'hydromètre et utilisez-le pour déterminer la gravité Hnal. Buvez la bière ou versez-la dans la chope après utilisation.

17 Versez la solution de sucre de maïs dans la casserole. Siphonner la bière dans une casserole pour la mélanger à la solution de sucre de maïs, en éclaboussant le moins possible. Siphonner la bière dans les bouteilles, le capuchon et l'étiquette.

18 Laissez les bouteilles reposer à température ambiante, à l'abri de la lumière directe du soleil, pendant au moins 2 semaines jusqu'à ce qu'elles soient complètement carbonisées. Se conserve jusqu'à 1 an. Réfrigérer avant de servir.

Ble aux abricots

- 2 cuillères à soupe d'extrait de malt sec
- 1 tasse d'eau bouillante
- 1½ cuillères à soupe (½ tube) de levure liquide Hefeweizen
- 2 gallons d'eau
- 4 tasses / 1 livre de malt de blé, moulu
- 4 tasses / 1 livre de malt américain à 2 rangs, moulu
- 2 tasses / 8 onces de malt cristallin 15 preuve, moulu
- 1 cuillère à soupe / 0,3 onces / 10 grammes de houblon Hallertau (amer)
- ½ cuillère à soupe / 0,17 onces / 5 grammes de houblon Hallertau (arôme)
- ½ cuillère à soupe / 0,17 onces / 5 grammes de houblon Hallertau (arôme)

- 1 livre d'abricots frais, dénoyautés et hachés
- 3 cuillères à soupe / 1 once de sucre de maïs dissous dans ½ tasse d'eau bouillante et refroidi, pour la mise en bouteille

1 Préparez le levain 6 à 12 heures avant de le préparer. Désinfectez un pot Mason de 1 pinte et une cuillère. Incorporer l'extrait de malt dans l'eau bouillante jusqu'à ce qu'il se dissolve et refroidisse à température ambiante dans le bocal. Ajouter la levure et couvrir le bocal avec un morceau de pellicule plastique fixé avec un élastique. Secouez bien le pot et laissez reposer jusqu'à ce que vous en ayez besoin. Le démarreur devrait devenir mousseux au bout de quelques heures et vous verrez de petites bulles éclater à la surface du liquide.

2 Dans une grande casserole à feu vif, chauffez 1 gallon d'eau à 160 °F. Ce faisant, préchauffez votre four à 150 °F à 155 °F pour créer un environnement agréable et confortable pour broyer les haricots. Si vous n'avez pas de four à ce réglage bas, ou si vous n'avez pas de thermomètre de four, chauffez simplement votre four pendant environ 5 minutes au réglage le plus bas. Éteignez le four une fois qu'il est chaud.

3 Pour réduire en purée, retirez la casserole d'eau du feu, versez tous les grains (malt de blé, malt américain à 2 rangs et malt de verre à 15 épreuves) dans l'eau et remuez. Vérifiez la température de la purée avec un thermomètre à lecture instantanée. Remuer jusqu'à ce qu'il atteigne au moins 155°F.

4 Couvrez la casserole et mettez-la au four. Réglez une minuterie sur 1 heure. Toutes les 15 minutes, retirez la casserole, remuez les haricots et vérifiez la température. Maintenez une température de purée de 150 ° F à 155 ° F. Si la température commence à descendre en dessous de 150 ° F, placez la casserole sur le brûleur pendant une minute ou deux

pour la réchauffer. S'il fait trop chaud, retirez la purée du feu pendant quelques minutes pour baisser la température.

5 Après 1 heure, les haricots sont moulus. Si vous avez des problèmes de températures élevées ou basses, laissez la purée encore 15 minutes au four pour vous assurer que tout le sucre a été retiré.

6 Placer la casserole sur la cuisinière et chauffer la purée à 170°F. La maintenir à cette température pendant environ 10 minutes. Tout en faisant cela, chauffez le 1 gallon d'eau restant dans une casserole séparée à environ 170 ° F pour l'utiliser à l'étape suivante.

7 Pour arroser les haricots, placez une grande passoire sur une autre grande casserole, votre seau de fermentation ou un autre récipient assez grand pour contenir tout le liquide de l'étape de purée, et placez-le dans votre évier de cuisine. Versez les haricots écrasés dans la passoire. Le liquide, maintenant appelé moût, s'accumulera dans le pot ci-dessous. Versez lentement la moitié de l'eau tiède sur les haricots en les rinçant uniformément.

8 Nettoyez le pot utilisé pour faire la purée et remplacez la passoire par les grains utilisés dans ce pot. Versez à nouveau le moût dans les grains. Répétez cette étape de bouillonnement deux fois de plus, en terminant par le moût de retour dans son pot d'origine. Ajoutez suffisamment d'eau tiède supplémentaire pour obtenir environ 1 ½ gallon de moût total, en mesurant en fonction de la taille de votre pot (un pot de 2 gallons sera aux trois quarts plein). La quantité d'eau supplémentaire nécessaire variera en fonction de la quantité de liquide absorbée par les haricots pendant le brassage. Jeter les grains usagés.

9 Portez le moût à ébullition à feu vif sur la cuisinière. Cela prendra 30 à 45 minutes. Surveillez la pause chaude et veillez à ce que le moût ne bouille pas pendant que cela se produit. Remuez le moût ou baissez le feu au besoin.

10 Réglez une minuterie sur 60 minutes et ajoutez 1 cuillère à soupe de houblon Hallertau à l'amer. Avec 20 minutes restantes, ajoutez ½ cuillère à soupe de houblon Hallertau pour l'assaisonnement. Avec 1 minute à gauche, ajoutez ½ cuillère à soupe de houblon Hallertau pour l'arôme et les abricots hachés. Assurez-vous que le moût bout à nouveau avant de le retirer du feu.

11 Préparez un bain de glace dans votre évier. Refroidissez le moût à environ 85 ° F, en changeant l'eau du bain de glace au besoin.

12 Désinfectez votre seau et couvercle de fermentation, votre sas, votre cuillère à long manche et votre hydromètre. Versez le moût et les morceaux d'abricot dans le seau désinfecté de 2 gallons. Prenez une lecture de l'hydromètre pour déterminer la gravité d'origine (voir le manuel du brasseur).

13 Versez le levain dans le moût et remuez vigoureusement pour répartir la levure et aérer le moût. Monter le couvercle et insérer le sas. Placez le seau à l'écart, à l'abri de la lumière directe du soleil et à température ambiante modérée. Vous devriez voir une fermentation active comme en témoignent les bulles dans le sas dans les 48 heures.

14 Laissez la bière fermenter sans être dérangée pendant au moins 3 jours ou jusqu'à 7 jours, jusqu'à ce que la fermentation se soit calmée et que les sédiments créés pendant le brassage aient eu une chance de se déposer. À ce stade, la bière est

prête à être transférée des sédiments et des abricots dans une plus petite cruche de 1 gallon pour une fermentation secondaire plus longue.

15 Désinfectez un pichet de 1 gallon, son bouchon, un entonnoir, une serviette ou une étamine et une cuillère à long manche. Insérez l'entonnoir dans une cruche de 1 gallon et couvrez avec un chiffon. Versez lentement la bière dans la tasse, en éliminant les solides. Utilisez la cuillère au besoin pour enlever les sédiments qui s'accumulent dans l'entonnoir. Fermez le pot avec son bouchon. Désinfectez le sas et insérez-le dans le bouchon du bocal. Laissez reposer dans un endroit frais et sombre pendant 2 semaines.

16 Pour embouteiller la bière, désinfectez un pot, un hydromètre, dix bouteilles de bière de 12 onces ou six bouteilles de bière de 22 onces, leurs bouchons, le tuyau du siphon, le bâton de soutirage, son embout et le remplisseur de bouteilles. . Siphonnez ½ tasse de bière dans l'hydromètre et utilisez-le pour déterminer la gravité Hnal. Buvez la bière ou versez-la dans la chope après utilisation.

17 Versez la solution de sucre de maïs dans la casserole. Siphonner la bière dans une casserole pour la mélanger à la solution de sucre de maïs, en éclaboussant le moins possible. Siphonner la bière dans les bouteilles, le capuchon et l'étiquette.

18 Laissez les bouteilles reposer à température ambiante, à l'abri de la lumière directe du soleil pendant au moins 2 semaines pour carbonater complètement. Stocker jusqu'à 1 an. Réfrigérer avant de servir.

Ale de la Ferme Saison

- 2 cuillères à soupe d'extrait de malt sec
- 1 tasse d'eau bouillante

- 1½ cuillères à soupe (½ tube) de levure liquide de Saison
- 10 tasses / 2½ livres de malt pilsner, moulu
- 1 tasse / 4 onces de malt de blé moulu
- 1 tasse / 4 onces de malt de Munich, moulu
- 1 cuillère à soupe / 0,3 onces / 10 grammes de houblon palissade (amer)
- ½ cuillère à café / 0,05 once / 1,5 gramme de houblon Sorachi Ace (appétissant)
- ½ cuillère à café / 0,05 onces / 1,5 grammes de houblon Sorachi Ace (arôme)
- 3 cuillères à soupe / 1 once de sucre de maïs dissous dans ½ tasse d'eau bouillante et refroidi, pour la mise en bouteille

1 Préparez le levain 6 à 12 heures avant de le préparer. Désinfectez un pot Mason de 1 pinte et une cuillère. Incorporer l'extrait de malt dans l'eau bouillante jusqu'à ce qu'il se dissolve et refroidisse à température ambiante dans le bocal. Ajouter la levure et couvrir le bocal avec un morceau de pellicule plastique fixé avec un élastique. Secouez bien le pot et laissez reposer jusqu'à ce que vous en ayez besoin. Le démarreur devrait devenir mousseux au bout de quelques heures et vous verrez de petites bulles éclater à la surface du liquide.

2 Dans une grande casserole à feu vif, chauffez 1 gallon d'eau à 160 °F. Ce faisant, préchauffez votre four à 150 °F à 155 °F pour créer un environnement agréable et confortable pour broyer les haricots. Si vous n'avez pas de four à ce réglage bas, ou si vous n'avez pas de thermomètre de four, chauffez simplement votre four pendant environ 5 minutes au réglage le plus bas. Éteignez le four une fois qu'il est chaud.

3 Pour réduire en purée, retirez la casserole d'eau du feu, versez tous les grains (malt pilsner, malt de blé et malt de Munich) dans l'eau et remuez. Vérifiez la température de la

purée avec un thermomètre à lecture instantanée. Remuer jusqu'à ce qu'il atteigne au moins 155°F.

4 Couvrez la casserole et mettez-la au four. Réglez une minuterie sur 1 heure. Toutes les 15 minutes, retirez la casserole, remuez les haricots et vérifiez la température. Maintenez une température de purée de 150 ° F à 155 ° F. Si la température commence à descendre en dessous de 150 ° F, placez la casserole sur le brûleur pendant une minute ou deux pour la réchauffer. S'il fait trop chaud, retirez la purée du feu pendant quelques minutes pour baisser la température.

5 Après 1 heure, les haricots sont moulus. Si vous avez des problèmes de températures élevées ou basses, laissez la purée encore 15 minutes au four pour vous assurer que tout le sucre a été retiré.

6 Placer la casserole sur la cuisinière et chauffer la purée à 170°F. Garder la purée à cette température pendant environ 10 minutes. Tout en faisant cela, chauffez le 1 gallon d'eau restant dans une casserole séparée à environ 170 ° F pour l'utiliser à l'étape suivante.

7 Pour arroser les haricots, placez une grande passoire sur une autre grande casserole, votre seau de fermentation ou un autre récipient assez grand pour contenir tout le liquide de l'étape de purée, et placez-le dans votre évier de cuisine. Versez les haricots écrasés dans la passoire. Le liquide, maintenant appelé moût, s'accumulera dans le pot ci-dessous. Versez lentement la moitié de l'eau tiède sur les haricots en les rinçant uniformément.

8 Nettoyez le pot utilisé pour faire la purée et remplacez la passoire par les grains utilisés dans ce pot. Versez à nouveau le

moût dans les grains. Répétez cette étape de bouillonnement deux fois de plus, en terminant par le moût dans son pot d'origine. Ajoutez suffisamment d'eau tiède supplémentaire pour obtenir environ $1\frac{3}{4}$ gallon de moût total, en mesurant en fonction de la taille de votre pot (un pot de 2 gallons sera presque plein). La quantité d'eau supplémentaire nécessaire variera en fonction de la quantité de liquide absorbée par les haricots pendant le brassage. Jetez les grains usagés.

9 Portez le moût à ébullition à feu vif sur la cuisinière. Cela prendra 30 à 45 minutes. Surveillez la pause chaude et veillez à ce que le moût ne bouille pas pendant que cela se produit. Remuez le moût ou baissez le feu au besoin.

10 Réglez une minuterie sur 90 minutes. Portez le moût à ébullition pendant 30 minutes, puis ajoutez 1 cuillère à soupe de houblon Palisade à l'amer. Avec 20 minutes restantes, ajoutez $\frac{1}{2}$ cuillère à café de houblon Sorachi Ace pour Havoring. Avec 1 minute restante, ajoutez $\frac{1}{2}$ cuillère à café de houblon Sorachi Ace pour l'arôme.

11 Préparez un bain de glace dans votre évier. Refroidissez le moût à environ 85 °F, en changeant l'eau du bain de glace au besoin.

12 Désinfectez votre seau et couvercle de fermentation, votre sas, votre cuillère à long manche, votre passoire, votre entonnoir et votre hydromètre. Placez la passoire sur le seau de fermentation de 2 gallons. Si vous le souhaitez, tapissez la passoire d'un essuie-tout Qour ou de plusieurs couches de gaze (désinfectées en les trempant dans la solution désinfectante). Filtrer le moût dans le seau de fermentation. Assurez-vous d'avoir au moins 1 gallon de moût. Ajouter plus d'eau si

nécessaire. Prenez une lecture de l'hydromètre pour déterminer la gravité d'origine.

13 Versez le levain dans le moût et remuez vigoureusement pour répartir la levure et aérer le moût. Monter le couvercle et insérer le sas. Placez le seau à l'écart, à l'abri de la lumière directe du soleil et à température ambiante modérée. Vous devriez voir une fermentation active comme en témoignent les bulles dans le sas dans les 48 heures.

14 Laissez la bière fermenter sans être dérangée pendant au moins 3 jours ou jusqu'à 7 jours, jusqu'à ce que la fermentation se soit calmée et que les sédiments créés pendant le brassage aient eu une chance de se déposer. À ce stade, la bière est prête à être transférée des sédiments dans une plus petite cruche de 1 gallon pour une fermentation secondaire plus longue.

15 Désinfectez une cruche de 1 gallon, son capuchon, son bâtonnet, son embout, son tuyau de siphon et son collier de serrage. Siphonnez toute la bière dans la chope. Inclinez le seau vers la fin pour extraire tout le liquide. Arrêtez-vous lorsque vous voyez le liquide dans le tuyau devenir trouble avec des sédiments. Fermez le pot avec son bouchon. Désinfectez le sas et insérez-le dans le bouchon du bocal. Laissez reposer dans un endroit frais et sombre pendant 2 semaines.

16 Pour embouteiller la bière, désinfectez un pot, un hydromètre, dix bouteilles de bière de 12 onces ou six bouteilles de bière de 22 onces, leurs bouchons, le tuyau du siphon, le bâton de soutirage, son embout et le remplisseur de bouteilles. . Siphonnez $\frac{1}{2}$ tasse de bière dans l'hydromètre et utilisez-le pour déterminer la gravité Hnal. Buvez la bière ou versez-la dans la chope après utilisation.

17 Versez la solution de sucre de maïs dans la casserole. Siphonner la bière dans une casserole pour la mélanger à la solution de sucre de maïs, en éclaboussant le moins possible. Siphonner la bière dans les bouteilles, le capuchon et l'étiquette.

18 Laissez les bouteilles reposer à température ambiante, à l'abri de la lumière directe du soleil, pendant au moins 2 semaines jusqu'à ce qu'elles soient complètement carbonisées. Se conserve jusqu'à 1 an. Réfrigérer avant de servir.

Pale Ale sans gluten

- 2 cuillères à soupe d'extrait de sorgho
- 1 tasse d'eau bouillante
- 2 cuillères à café (1 sachet) de levure de bière sèche (telle que Safale US-05)
- 1½ gallon d'eau
- 1¼ tasse / 8 onces de grains de sarrasin grillés
- 2⅛ tasses / 1½ livres d'extrait de sorgho
- 2 cuillères à soupe / 0,7 onces / 20 grammes de houblon en grappe (amer)
- 1 cuillère à soupe / 0,3 onces / 10 grammes de houblon en grappe (arôme)
- ⅛ cuillère à café de mousse d'Irlande séchée

- 1 cuillère à soupe / 0,3 onces / 10 grammes de houblon Saaz (arôme)

- 3 cuillères à soupe / 1 once de sucre de maïs dissous dans ½ tasse d'eau bouillante et refroidi, pour la mise en bouteille

Préparez le levain 1 à 3 heures avant de le préparer. Désinfectez un pot Mason de 1 pinte et une cuillère. Remuez 2 cuillères à soupe d'extrait de sorgho dans 1 tasse d'eau bouillante jusqu'à dissolution et refroidi à température ambiante dans le bocal. Ajouter la levure et couvrir le bocal avec un morceau de pellicule plastique fixé avec un élastique. Agitez bien le pot et laissez-le reposer jusqu'à ce que vous en ayez besoin. Le démarreur devrait devenir mousseux après quelques heures et vous verrez de minuscules bulles éclater à la surface du liquide.

2 Dans une grande casserole à feu vif, chauffez 8 tasses d'eau à 155°F. Ce faisant, préchauffez votre four à 150°F à 155°F pour créer un environnement agréable et confortable pour broyer les haricots. Si vous n'avez pas de four à ce réglage bas, ou si vous n'avez pas de thermomètre de four, chauffez simplement votre four pendant environ 5 minutes au réglage le plus bas. Éteignez le four une fois qu'il est chaud.

3 Retirez la casserole d'eau du feu, versez le sarrasin dans l'eau et remuez. Vérifiez la température de la purée avec un thermomètre à lecture instantanée. Remuer jusqu'à ce qu'il atteigne au moins 155 ° F.

4 Couvrez la casserole et mettez-la au four. Réglez une minuterie de 30 minutes. À mi-cuisson, retirez la casserole, remuez les haricots et vérifiez la température. Maintenez une température de purée de 150 ° F à 155 ° F. Si la température

commence à descendre en dessous de 150 ° F, placez la casserole sur le brûleur pendant une minute ou deux pour réchauffer. S'il fait trop chaud, remuez la purée ou chauffez quelques minutes pour baisser la température.

5 Après 30 minutes, le sarrasin est moulu. Placer la casserole sur la cuisinière et chauffer la purée à 170°F. La maintenir à cette température pendant environ 10 minutes. Tout en faisant cela, chauffez le gallon d'eau restant à environ 170 ° F dans une casserole séparée pour l'utiliser à l'étape suivante. 6 • Pour arroser les haricots, placez une grande passoire sur une autre grande casserole, votre seau de fermentation ou un autre récipient assez grand pour contenir tout le liquide de l'étape de purée, et placez-le dans votre évier de cuisine. Versez les haricots écrasés dans la passoire. Le liquide, maintenant appelé moût, s'accumulera dans le pot ci-dessous. Versez lentement la moitié de l'eau tiède sur les haricots en les rinçant uniformément.

Nettoyez le pot utilisé pour faire la purée et remplacez la passoire par les grains utilisés dans ce pot. Versez à nouveau le moût dans les grains. Répétez cette étape de bouillonnement deux fois de plus, en terminant par le moût dans son pot d'origine.

8 Ajoutez $1\frac{1}{2}$ livre d'extrait de sorgho et suffisamment d'eau chaude supplémentaire pour faire environ $1\frac{1}{2}$ gallon de moût total, mesuré par la taille de votre pot (un pot de 2 gallons sera aux trois quarts plein). La quantité d'eau supplémentaire requise variera en fonction de la quantité de liquide absorbée par les haricots pendant le brassage. Jeter les grains usagés.

9 Portez le moût à ébullition à feu vif sur la cuisinière. Cela prendra 30 à 45 minutes. Surveillez la pause chaude et veillez à

ce que le moût ne bouille pas pendant que cela se produit. Remuez le moût ou baissez le feu au besoin.

10 Réglez une minuterie sur 60 minutes et ajoutez les 2 cuillères à soupe de houblon en grappe à l'amer. Lorsqu'il reste 20 minutes, ajoutez 1 cuillère à soupe de houblon en grappe pour l'assaisonnement et la mousse d'Irlande. Lorsqu'il reste 1 minute, ajoutez 1 cuillère à soupe de houblon Saaz pour l'arôme.

11 Préparez un bain de glace dans votre évier. Refroidissez le moût à environ 85 ° F, en changeant l'eau de l'évier au besoin.

12 Désinfectez votre seau et couvercle de fermentation, votre sas, votre cuillère à long manche, votre passoire, votre entonnoir et votre hydromètre. Placez la passoire sur le seau de fermentation de 2 gallons. Si vous le souhaitez, tapissez la passoire d'un essuie-tout Qour ou de plusieurs couches de gaze (désinfectées en les trempant dans la solution désinfectante). Filtrer le moût dans le seau de fermentation. Assurez-vous d'avoir au moins 1 gallon de moût. Ajouter plus d'eau si nécessaire. Prenez une lecture de l'hydromètre pour déterminer la gravité d'origine (voir le manuel du brasseur).

13 Versez le levain dans le moût et remuez vigoureusement pour répartir la levure et aérer le moût. Monter le couvercle et insérer le sas. Placez le seau à l'écart, à l'abri de la lumière directe du soleil et à température ambiante modérée. Vous devriez voir une fermentation active comme en témoignent les bulles dans le sas dans les 48 heures.

14 Laissez la bière fermenter sans être dérangée pendant au moins 3 jours ou jusqu'à 7 jours, jusqu'à ce que la fermentation se soit calmée et que les sédiments créés pendant le brassage aient eu une chance de se déposer. À ce stade, la bière est

prête à être transférée des sédiments dans une plus petite cruche de 1 gallon pour une fermentation secondaire plus longue.

15 Désinfectez une cruche de 1 gallon, son capuchon, son bâtonnet, son embout, son tuyau de siphon et son collier de serrage. Siphonnez toute la bière dans la chope. Inclinez le seau vers la fin pour extraire tout le liquide. Arrêtez-vous lorsque vous voyez le liquide dans le tuyau devenir trouble avec des sédiments. Fermez le pot avec son bouchon. Désinfectez le sas et insérez-le dans le bouchon du bocal. Laissez reposer dans un endroit frais et sombre pendant 2 semaines.

16 Pour embouteiller la bière, désinfectez un pot, un hydromètre, dix bouteilles de bière de 12 onces ou six bouteilles de bière de 22 onces, leurs bouchons, le tuyau du siphon, le bâton de soutirage, son embout et le remplisseur de bouteilles. . Siphonnez ½ tasse de bière dans l'hydromètre et utilisez-le pour déterminer la gravité Hnal. Buvez la bière ou versez-la dans la chope après utilisation.

17 Versez la solution de sucre de maïs dans la casserole. Siphonner la bière dans une casserole pour la mélanger à la solution de sucre de maïs, en éclaboussant le moins possible. Siphonner la bière dans les bouteilles, le capuchon et l'étiquette.

18 Laissez les bouteilles reposer à température ambiante, à l'abri de la lumière directe du soleil, pendant au moins 2 semaines jusqu'à ce qu'elles soient complètement carbonisées. Se conserve jusqu'à 1 an. Réfrigérer avant de servir.

stout moka

M AKES 1 GALLON

- 2 cuillères à soupe d'extrait de malt sec
- 1 tasse d'eau bouillante
- 1½ cuillères à soupe (½ tube) de levure de bière liquide
- 2 gallons d'eau
- 8 tasses / 2 lb de malt Maris Otter, moulu
- 1 tasse / 4 onces d'orge grillée, moulue
- 1 tasse / 4 onces de malt Caramunich, moulu
- 1 tasse / 4 onces de flocons d'avoine
- 1½ cuillères à soupe / 0,5 onces / 15 grammes de houblon Fuggle (amer)
- ½ cuillère à soupe / 0,17 onces / 5 grammes de houblon palissade (arôme)
- ½ tasse / 2 onces de graines de cacao, grossièrement moulues

- 2½ cuillères à soupe / 0,75 onces de sucre de maïs dissous dans ½ tasse d'eau bouillante, pour la mise en bouteille

1 Préparez le levain 6 à 12 heures avant de commencer à infuser la bière. Désinfectez un pot Mason de 1 pinte et une cuillère. Incorporer l'extrait de malt dans l'eau bouillante jusqu'à ce qu'il se dissolve et refroidisse à température ambiante dans le bocal. Ajouter la levure et couvrir le bocal avec un morceau de pellicule plastique fixé avec un élastique. Secouez bien le pot et laissez reposer jusqu'à ce que vous en ayez besoin. Le démarreur devrait devenir mousseux après quelques heures et vous verrez de minuscules bulles éclater à la surface du liquide.

2 Dans une grande casserole à feu vif, chauffez 1 gallon d'eau à 160 °F. Ce faisant, préchauffez votre four à 150 °F à 155 °F pour créer un environnement agréable et confortable pour broyer les haricots. Si vous n'avez pas de four à ce réglage bas, ou si vous n'avez pas de thermomètre de four, chauffez simplement votre four pendant environ 5 minutes au réglage le plus bas. Éteignez le four une fois qu'il est chaud.

3 Retirez la casserole d'eau du feu, versez tous les grains - malt Maris Otter, orge grillé, malt Caramunich et avoine cuite - dans l'eau et remuez. Vérifiez la température de la purée avec un thermomètre à lecture instantanée. Remuer jusqu'à ce qu'il atteigne au moins 155 ° F.

4 Couvrez la casserole et mettez-la au four. Réglez une minuterie sur 1 heure. Toutes les 15 minutes, retirez la casserole, remuez les haricots et vérifiez la température. Maintenez une température de purée de 150 ° F à 155 ° F. Si la température commence à descendre en dessous de 150 ° F, placez la casserole sur le brûleur pendant une minute ou deux

pour la réchauffer. S'il fait trop chaud, retirez la purée du feu pendant quelques minutes pour baisser la température.

5 Après 1 heure, les haricots sont moulus. Si vous avez des problèmes de températures élevées ou basses, laissez la purée encore 15 minutes au four pour vous assurer que tout le sucre a été retiré.

6 Placer la casserole sur la cuisinière et chauffer la purée à 170°F. La maintenir à cette température pendant environ 10 minutes. Tout en faisant cela, chauffez le gallon d'eau restant à environ 170 ° F dans une casserole séparée pour l'utiliser à l'étape suivante.

7 Pour arroser les haricots, placez une grande passoire sur une autre grande casserole, votre seau de fermentation ou un autre récipient assez grand pour contenir tout le liquide de l'étape de purée, et placez-le dans votre évier de cuisine. Versez les haricots écrasés dans la passoire. Le liquide, maintenant appelé moût, s'accumulera dans le pot ci-dessous. Versez lentement la moitié de l'eau tiède sur les haricots en les rinçant uniformément.

8 Nettoyez le pot utilisé pour faire la purée et remplacez la passoire par les grains utilisés dans ce pot. Versez à nouveau le moût dans les grains. Répétez cette étape de bouillonnement deux fois de plus, en terminant par le moût de retour dans son pot d'origine. Ajoutez suffisamment d'eau tiède supplémentaire pour obtenir environ 1 ½ gallon de moût total, en mesurant en fonction de la taille de votre pot (un pot de 2 gallons sera aux trois quarts plein). La quantité d'eau supplémentaire nécessaire variera en fonction de la quantité de liquide absorbée par les haricots pendant le brassage. Jeter les grains usagés.

9 Portez le moût à ébullition à feu vif sur la cuisinière. Cela prendra 30 à 45 minutes. Surveillez la pause chaude et veillez à ce que le moût ne bouille pas pendant que cela se produit. Remuez le moût ou baissez le feu au besoin.

10 Réglez une minuterie sur 60 minutes et ajoutez le houblon Fuggle à l'amer. Avec 1 minute restante, ajoutez le houblon Palisade pour l'arôme et les fèves de cacao.

11 Préparez un bain de glace dans votre évier. Refroidissez le moût à environ 85 ° F, en changeant l'eau du bain de glace au besoin.

12 Désinfectez votre seau et couvercle de fermentation, votre sas, votre cuillère à long manche, votre passoire, votre entonnoir et votre hydromètre. Placez la passoire sur le seau de fermentation de 2 gallons. Si vous le souhaitez, tapissez la passoire d'un essuie-tout Qour ou de plusieurs couches de gaze (désinfectées en les plongeant dans une solution désinfectante). Filtrer le moût dans le seau de fermentation. Assurez-vous d'avoir environ 1 gallon de moût. Ajouter plus d'eau si nécessaire. Prenez une lecture de l'hydromètre pour déterminer la gravité d'origine (voir le manuel du brasseur).

13 Versez le levain dans le moût et remuez vigoureusement pour répartir la levure et aérer le moût. Monter le couvercle et insérer le sas. Placez le seau à l'écart, à l'abri de la lumière directe du soleil et à température ambiante modérée.

14 Vous devriez voir une fermentation active comme en témoignent les bulles dans le sas dans les 48 heures. Laissez la bière fermenter sans être dérangée pendant au moins 3 jours ou jusqu'à 7 jours, jusqu'à ce que la fermentation se soit calmée et que les sédiments créés pendant le brassage aient eu une

chance de se déposer. À ce stade, la bière est prête à être transférée des sédiments dans une plus petite cruche de 1 gallon pour une fermentation secondaire plus longue.

15 Désinfectez une cruche de 1 gallon, son capuchon, son bâtonnet, son embout, son tuyau de siphon et son collier de serrage. Siphonnez toute la bière dans la chope. Inclinez le seau vers la fin pour extraire tout le liquide. Arrêtez-vous lorsque vous voyez le liquide dans le tuyau se troubler avec des sédiments. Fermez le pot avec son bouchon. Désinfectez le sas et insérez-le dans le bouchon du bocal. Laissez reposer dans un endroit frais et sombre pendant encore 2 semaines.

16 Pour mettre de la bière en bouteille, désinfectez un pot, un hydromètre, dix bouteilles de bière de 12 onces ou six Bouteilles de bière de 22 onces, leurs bouchons, tuyau de siphon, bâton de soutirage, embout et remplisseur de bouteilles. Siphonnez ½ tasse de bière dans l'hydromètre et utilisez-le pour déterminer la gravité Hnal. Buvez la bière ou versez-la dans la chope après utilisation.

17 Versez la solution de sucre de maïs dans la casserole. Siphonner la bière dans une casserole pour la mélanger à la solution de sucre de maïs, en éclaboussant le moins possible. Siphonner la bière dans les bouteilles, le capuchon et l'étiquette.

18 Laissez les bouteilles reposer à température ambiante, à l'abri de la lumière directe du soleil, pendant au moins 2 semaines jusqu'à ce qu'elles soient complètement carbonisées. Se conserve jusqu'à 1 an. Réfrigérer avant de servir.

BIÈRES DU MONDE ENTIER

Alster ou Alsterwasser

Ingrédients
- 1 tasse de soda au citron/lime (par exemple, Sprite, 7 Up ou similaire)
- 1 tasse de bière blonde pâle

Instructions
Ajoutez le soda citron-lime dans un grand verre à bière.
Versez ensuite la bière blonde en inclinant le verre pour éviter l'accumulation de mousse.

American Juniper Wild Ale

Ingrédients

- 3,15 livres d'extrait de loutre de Maris (56%)
- 1,25 livre d'extrait de malt de seigle (22%)
- 1 livre d'extrait sec léger (17,7%)
- 4 onces de malt spécial B (4,5%)
- 28 grammes de houblon Fuggles, ajoutés après 60 minutes pour porter à ébullition
- 1 comprimé Whirlfloc, ajouté dans les 10 minutes qui suivent (aide à clarifier la bière)
- 60 grammes de baies de genièvre, la moitié ajoutée avec 5 minutes restantes, la moitié ajoutée au knock-out
- 58 grammes d'aiguilles de pin hachées, ajoutées au knock-out
- 1 quart de levain de genièvre

- 1 once de copeaux de chêne, bouillis 1 minute en premier
- 6 cuillères à café d'acide lactique à 88 % (facultatif)

Instructions

a) Laissez reposer le malt Special B. Placez le malt dans un sac à grains ou attachez-le sans serrer avec une étamine et couvrez de 3 litres d'eau. Porter à 155 ° F à 165 ° F à feu moyen et maintenir à cette température pendant 1 heure. Retirez le sac et placez-le sur le pot dans une passoire. Versez 2 litres d'eau chauffée à 170 ° F dessus pour rincer le grain. Laissez le sac s'égoutter pendant 10 minutes, puis retirez-le. Jetez le grain ou donnez-le aux animaux.

b) Commencez à bouillir. Ajouter 2 gallons d'eau supplémentaires dans la casserole et porter à ébullition. Ajoutez le houblon et réglez la minuterie sur 1 heure.

c) Avec 30 minutes pour aller, ajouter tous les extraits et bien mélanger.

d) Si vous l'utilisez, ajoutez le Whirlfloc à ébullition avec le refroidisseur de moût, si vous en avez un. Cela désinfectera la glacière.

e) Avec 5 minutes pour aller, ajouter la moitié des baies de genièvre.

f) Assommer. Éteignez le feu et ajoutez le dernier ajout de baies de genièvre avec les aiguilles de pin hachées.

g) Refroidissez le moût. Utilisez votre refroidisseur de moût pour refroidir le moût à 75 ° F ou plus, selon la température de l'eau du robinet. Ou placez le pot dans une glacière avec beaucoup d'eau glacée. Utilisez une cuillère propre pour créer un tourbillon dans le moût, ce qui l'aidera à refroidir plus rapidement. J'espère que vous verrez des morceaux tordus dans le moût qui ressemblent à de la soupe aux œufs, ou séparer le miso dans la soupe - c'est du froid, et le voir signifie que vous aurez une bière plus légère.

h) Déplacez le moût dans le fermenteur. Ajouter le démarreur de levure de genièvre au fermenteur ; J'utilise une carafe en verre. Verser le contenu du pot à travers une passoire aseptisée dans le fermenteur. Si la passoire devient grasse, retirez-la avant de continuer. Placez un sas aseptisé dans le fermenteur et placez la bière dans un endroit où elle peut fermenter à froid, idéalement entre 66°F à 69°F. Laissez-la là pendant 2 semaines.

i) Ajoutez les copeaux de chêne bouillis dans une nouvelle carafe aseptisée et placez-y la bière. Je ne le fais que s'il y a beaucoup de saleté dans le fermenteur. Si tout va bien, j'ajoute simplement les copeaux de chêne au fermenteur principal. Dans tous les cas, laissez la bière finir de fermenter pendant 10 jours de plus.

j) Embouteillez ou embouteillez la bière. Si vous embouteillez, vous voulez ajouter suffisamment de sucre d'amorçage au lot pour obtenir environ 2 volumes de CO2, environ 1,8 onces ou 51 grammes par 3 gallons. Ajouter l'acide lactique dans le seau d'embouteillage. Bouteille de conditionnement de bière 2 semaines avant ouverture de la première bouteille. Cette bière vieillit bien.

Biobier

Extrait de malt
- Un 40 onces. boîte de la saveur que vous voulez (claire, foncée, forte), ou une boîte "grande" de 1,5 kg. La canette de 1,5 kg contient plus d'extrait de malt, vous pouvez donc soit faire un lot plus important, soit utiliser la même méthode ici pour faire une bière plus riche. Vous pouvez également acheter de l'extrait « pré-houblonné », qui ajoutera plus de saveur de houblon à votre bière.

Levure
- 1 cuillère à café de levure de bière. Remarque : certains malts sont livrés avec de petits sachets de levure inclus.

Sucre
- 6 à 7 tasses de sucre blanc ordinaire ou 8 à 9 tasses de sucre de maïs (de préférence).

Comment préparer
Désinfecter
1. Il a été dit que 75% du brassage est un bon assainissement. Tout d'abord, nettoyez tout l'équipement avec de l'eau tiède légèrement savonneuse. Bien rincer pour éliminer les résidus de savon.
2. Ensuite, désinfectez avec de l'eau de Javel dans 1 cuillère à soupe / gallon d'eau. Ou vous pouvez acheter un désinfectant acide sans rinçage comme StarSan, qui est efficace et ne laisse pas d'arrière-goût.

Brasser de la bière
1. Versez 10 litres d'eau froide et froide dans le seau en plastique de 10 gallons (carafe). Si le seau est neuf, lavez-le d'abord avec un mélange d'eau et de bicarbonate de soude pour éliminer l'odeur de plastique.
2. Dans votre plus grande casserole, portez sept litres d'eau à ébullition.
3. Ajouter une boîte d'extrait de malt. Remuer et cuire à découvert pendant 20 minutes.
4. Ajouter le sucre et remuer pour dissoudre.
5. Dès que le sucre se dissout, versez le contenu dans la carafe. Versez, ou «éclaboussez», le contenu rapidement, ce qui ajoute de l'air au mélange. Plus la levure reçoit d'air au début, mieux c'est. Cela leur permet de grandir rapidement et de faire fonctionner les choses.

♐① Remplissez avec de l'eau potable en bouteille ou de l'eau du robinet jusqu'à ce que la température soit neutre. (Si vous utilisez de l'eau du robinet, il est recommandé de faire bouillir d'abord pour tuer les bactéries.) Essayez un thermomètre propre et aseptisé. La carafe sera maintenant un peu plus qu'à moitié pleine.

♑① Saupoudrer de levure et bien mélanger. Couvrir avec un couvercle. (Mettez le couvercle sans serrer ; s'il est trop couvert, une cruche peut exploser à cause du dioxyde de carbone produit.)

♒① Restez couvert et évitez les ouvertures inutiles. La bière sera prête à être embouteillée en 6 à 10 jours, selon la température ambiante de la pièce et la quantité de sucre utilisée pour le brassage. La température ambiante doit être de 68 à 75 Fahrenheit (20-24 Celsius) maximum; 61-68 Fahrenheit (16-20 Celsius) c'est mieux, mais la bière prendra un jour ou deux de plus pour fermenter.

♓① Testez la préparation avec un hydromètre. Placez l'hydromètre dans la bière et tournez-le une fois pour libérer des bulles, qui peuvent s'y coller et donner une fausse lecture. La lecture « prêt à mettre en bouteille » devrait être d'environ 1,008 pour les bières brunes et de 1,010 à 1,015 pour les bières légères. Si vous n'avez pas d'hydromètre, vous pouvez juger de l'état de préparation en testant un échantillon - il ne devrait pas avoir un goût sucré. Il devrait y avoir peu ou pas de bouillonnement dans la bière.

Bouteille

♋① Placez la carafe sur une table solide et les 12 bouteilles de deux litres sur le sol, avec du papier journal en dessous pour récupérer les gouttes ou les déversements. À l'aide d'un entonnoir, mettez deux cuillères à café de sucre dans chaque bouteille.

♌①   Siphonnez la bière dans les bouteilles en essayant de ne pas déranger les sédiments au fond de la carafe. (Une méthode consiste à coller une paille en plastique le long de l'extrémité inférieure du tuyau du siphon avec une projection de 1 au-delà de l'extrémité. La pointe de la paille peut toucher le fond de la bouteille sans que le siphon n'attire les sédiments.). près du bas.

♍①   Il est important de ne pas trop éclabousser ou secouer la bière lors de la mise en bouteille, car l'oxygène introduit peut provoquer une oxydation et un goût de carton.

♎①   Pendant le remplissage des bouteilles, gardez l'extrémité du tube siphon près du fond de la bouteille pour éviter la formation de mousse. Il est essentiel que les bouteilles ne soient pas complètement pleines : laissez un espace d'air. Vissez bien les bouchons. Retournez chaque bouteille et agitez pour dissoudre le sucre au fond. Placez les bouteilles dans un endroit chaud pendant les premiers jours, puis rangez-les dans un endroit frais et sombre. Vous pouvez boire la bière quelques jours après la mise en bouteille, mais elle s'améliorera avec l'âge.

Noir et beige

Ingrédients
- 6 onces de bière blonde
- 6 onces de Guinness stout

Étapes pour le faire

Ingrédients de la recette noir et grillé

Remplissez un verre de pinte à moitié avec la bière blonde.

Pale ale à moitié pleine dans un verre à pinte
Faites flotter la Guinness sur le dessus en la versant lentement sur le dos d'une cuillère pour remplir le verre. Servir et déguster.

Blonde van Vlaanderen

ÉQUIPE
- sac de bière

- Bulle d'air
- bonde
- bouilloire

INGRÉDIENTS

- 2 kg de malt Pilsner
- 200 g de malt cristallin
- 5 g de levure de bière
- 25 g de houblon à haute teneur en acide alpha
- 2,5 g de nutriments de levure
- 20 g de sucre primaire

INSTRUCTIONS

.Préparation 1. Au cas où vous n'auriez pas de refroidisseur de moût. Faire bouillir 3 litres d'eau et laisser refroidir. Mettez-le dans votre congélateur pendant la nuit pour faire de la glace aseptisée. (mieux vaut faire 2-3 litres supplémentaires au cas où)

Désinfectez tout ce que le moût de bière touchera avec une solution d'iodophore.

Processus de brassage : 1. Broyez les malts pâles et les malts cristallins avec un moulin à main. On ne veut pas faire de farine ou bien en les faisant macérer elles deviendront gélatineuses et difficiles à filtrer, on veut juste broyer un peu les grains pour que pendant qu'on les écrase, l'eau puisse atteindre leur noyau. Si vous n'avez pas de moulin, vous pouvez les moudre dans un mélangeur, faites-lui quelques tours doux jusqu'à ce que tous les grains soient cassés.

Remplissez votre cuve à purée de 5 litres d'eau chaude. Broyer les grains entre 63°C et 65°C pendant une heure. Pulvériser avec environ 8 litres d'eau chaude ((70°C)). Lauter le moût dans la marmite bouillante.

Allumez votre poêle. Lorsque le liquide (moût) atteint le point d'ébullition, baissez le feu et ajoutez 10 g de houblon dans un sac d'infusion.

A 45 min. Déplacez votre refroidisseur de moût propre dans le pot (Oui, mettez-le directement!). Ajoutez 5 g de houblon.

A 55 minutes ajouter 10 g de houblon.

Après 60 minutes, éteignez le poêle.

Faites couler de l'eau dans votre refroidisseur d'eau ou ajoutez 3 litres de glace pré-faite au moût et continuez à remuer jusqu'à ce qu'il se dissolve. Vérifiez la température avec un thermomètre alimentaire. Une fois qu'il descend en dessous de 22 degrés Celsius, transférez-le dans votre fermenteur (ajoutez plus de glace si nécessaire). Jeter le houblon utilisé. Voir ici pour plus d'informations sur les températures d'infusion.

Ajoutez 5 g de levure de bière et 1 cuillère à café de nutriments de levure. Fixez un sas et un bouchon / passe-fil, déplacez le fermenteur dans un endroit frais et sombre et laissez-le fermenter pendant 10 jours ou jusqu'à ce que le sas cesse de montrer son activité et que l'eau apparaisse de niveau. Attendez encore deux jours pour que la bière se dépose.

Ajoutez une demi-cuillère à soupe de sucre en poudre à la bière finie (n'ajoutez pas plus que cela ou les bouteilles pourraient éclater) Remplissez vos bouteilles aseptisées pour animaux de compagnie et scellez ou remplissez vos bouteilles de bière en verre aseptisées et mettez des couronnes dessus.

Laissez la bouteille à température ambiante pendant 7 à 15 jours pour qu'une carbonatation naturelle se produise à l'intérieur de la bouteille.

Transférer les bouteilles dans un réfrigérateur.

Surtout, partagez l'amour ! Choisissez des vacances, appelez vos amis, ouvrez quelques bouteilles réfrigérées de votre propre lager maison et mangez tous les éloges avec un visage suffisant.

chicha

Ingrédients:

- 3 livres de semoule de maïs grossièrement moulue
- 1 livre de pulpe de citrouille (tout fera l'affaire, de la citrouille à la courge d'hiver)
- 1 livre de fruits de nopal
- 3 gallons d'eau
- la levure de bière

Méthode moderne: Pour ceux d'entre vous qui ne veulent pas rester assis pendant des heures à mâcher du maïs (nous savons de qui il s'agit), utilisez la recette suivante. Râpez grossièrement le maïs germé et versez-le dans la marmite avec 8 litres d'eau froide. Asseyez-vous et laissez reposer pendant une heure. Porter à ébullition, ajouter le sucre, puis baisser le feu et laisser mijoter 3 heures (en remuant régulièrement). Ajoutez les épices que vous souhaitez à la fin de l'ébullition.

Dans cette recette, nous utilisons des clous de girofle, mais vous pouvez utiliser n'importe quoi, de la cannelle au gingembre. Retirer et laisser reposer une heure. Filtrez ensuite le liquide dans un fermenteur à l'aide d'une passoire, d'une étamine ou de toute autre méthode que vous préférez. Une fois refroidie à 70 °F (21 °C), mettez la levure et fermentez à température ambiante (entre 60 et 75 °F) pendant cinq jours. Transférer au secondaire et fermenter pendant une à deux semaines jusqu'à ce qu'il soit clair. Bouteille en utilisant 1 cuillère à café de sucre de maïs par bouteille pour l'amorçage. Enfin, laissez-le reposer pendant encore deux semaines après la mise en bouteille avant de le boire.

Chocolat / Lager Ale

ABV : 6,0-7,5 %

IBU : 30

SRM : 38

OG: 1 075

Rendement : 5 gallons

Ingrédients:

- 2,5 livres (1,1 kg) de malt Pilsner (1,6 ° L)
- 10 livres (4,5 kg) de malt de Munich (8 ° L)
- 340 g (0,75 lb) de malt munch cristal noir (80 ° L)
- 1 livre (454g) de malt mélanoïdine (33°L)
- 0,5 lb (227 g) de malt Carafa® (röstmalz) (470 ° L)
- 0,7 oz. (18 g) granulés Northern Brewer, 8% aa (60 min.)
- 0,5 once (14 g) granulés Northern Brewer, 8 % aa (30 min.)
- 5 à 10 livres de cerises acidulées préalablement congelées
- 0,5-1,0 lb éclats de cacao rôtis, légèrement écrasés
- Levure de bière européenne (belge ou lager est également possible)

Spécifications :
Gravité d'origine : 1,075

ABV : 6,0-7,5 %

IBU : 30

SRM : 38

Rendement : 75 %

Adresses :
Mélanger 1 heure à 152°F (67°C). Après la fermentation primaire, placez la grille sur le secondaire et ajoutez les cerises congelées et les fèves de cacao. Laissez la bière rester dans les fruits et les fèves de cacao pendant au moins deux semaines; un ou deux mois c'est mieux. Placer dans une carafe tertiaire et laisser décanter avant la mise en bouteille ou la mise en bouteille. Remarque: les calculs de houblon sont basés sur des granulés. Figure 25 pour cent de plus si vous utilisez des houblons entiers.

framboise

Rendement : 5,5 gallons (21 L)

Ingrédients:
- 3,0 lb d'extrait sec de blé NW
- Extrait sec léger de 3,0 lb M&F
- 3,5 onces de maltodextrine
- 4,0 boîtes de purée de framboises Oregon Fruit Products, 3,1 lb chacune
- 3,5 oz de vieux houblon entier (90 min)
- Scories de l'ancien lot Lambic
- 1 flacon de 1968 London ESB Wyeast Yeast
- 1 flacon Wyeast 3526 Brettanomyces lambicus
- 2,92 oz de sucre de maïs pour l'amorçage
- 1 sachet de levure sèche Danstar Windsor Ale pour apprêt

Spécifications :
Gravité finale : 1,009

Adresses :
Spécifique au brasseur
Le houblon était un mélange de Mount Hood et de Cascade cultivé à la maison et vieilli dans le grenier pendant deux à trois ans. Faire bouillir pendant 90 minutes. Après ébullition, laisser refroidir une nuit dans un récipient ouvert. Chienne avec des excréments de l'ancien lot de 1996 de lambic homebrew et de bière de style Wyeast de 1968. Insérez une douelle de chêne qui a été dans d'autres lots de lambic. Le lot de 1996 était composé de scories de lambics commerciaux et de Yeast Labs Pediococcus et brettanomyces lambicus. Après 16 mois, ajoutez trois boîtes de purée de framboise et Wyeast 3526. Vingt-deux mois après la préparation, ajoutez la dernière boîte de purée de framboise.

Fermentation primaire : 3 ans en plastique.
Durée de conditionnement de la bouteille : 1 an
Commentaires des juges Acidité acétique élevée. Une petite douceur fruitée pour équilibrer. La forte acidité persiste jusqu'à la fin. Comme un vinaigre bien vieilli. Pourrait utiliser un peu plus de complexité comme Brett sur la saveur. Un peu de blé. Framboise pas présente. Pourrait utiliser plus de saveur / arôme de fruits pour équilibrer l'acidité. Une carbonatation supplémentaire améliorerait la présentation. Acidité intense avec un arrière-goût de framboise, vous pouvez utiliser Brett pour équilibrer l'acidité et fournir la finale rafraîchissante et sèche nécessaire. Un peu de chêne pourrait aider.

Bière de gingembre

Ingrédients
- 2 1/2 tasses d'eau filtrée tiède (pas trop chaude ou elle tuera la levure)
- 1 1/2 cuillères à café de levure de champagne
- 1 cuillère à soupe de gingembre fraîchement râpé, plus au goût
- 1 cuillère à soupe de sucre cristallisé, plus au goût
- 2 citrons, pressés
- 1 jalapeño, tranché (facultatif)
- 1 grand bocal en verre
- 2 bouteilles de soda propres

Adresses
Tout d'abord, faites une "plante" pour votre soda au gingembre. Incorporer la levure dans l'eau tiède jusqu'à ce qu'elle se dissolve. Ajouter 1 cuillère à soupe de gingembre fraîchement râpé, 1 cuillère à soupe de sucre, le jus de citron et le jalapeño tranché, et mélanger pour combiner. Le jalapeño donnera à

votre soda au gingembre ce coup de pied que vous pouvez ressentir au fond de votre gorge; si vous ne bougez pas comme ça, sautez-le. Versez dans un bocal en verre suffisamment grand pour que le liquide y pénètre confortablement, avec un peu d'espace supplémentaire. Couvrir d'un torchon propre et sec et fixer sur le pot avec un élastique. Placez le pot dans l'endroit le plus chaud de votre maison. À côté de votre radiateur, près du réfrigérateur ou à côté d'une bouche de chaleur.

Chaque jour, la semaine prochaine, vous devrez «nourrir» votre soda au gingembre. Tout d'abord, sentez la bouteille ; Il doit être légèrement tiède. S'il fait trop froid, la levure entrera en hibernation, et s'il fait trop chaud, vous pourriez la tuer. Retirez la serviette et ajoutez une autre cuillère à soupe de gingembre râpé et une autre cuillère à soupe de sucre. Remuer jusqu'à ce que le sucre se dissolve, puis replacer la serviette et remettre la plante dans un endroit chaud. Faites-le tous les jours pendant une semaine ; Considérez-le comme le chien de votre voisin dont vous avez promis de prendre soin.

Après environ une semaine, vous devriez voir de minuscules bulles flotter à la surface de votre plante. Vous pouvez certainement garder votre plante à ce stade plus longtemps ; plus vous le nourrissez, plus la saveur du gingembre deviendra concentrée. Vous pouvez ajuster les saveurs plus tard!

Il est maintenant temps de mettre en bouteille. Pensez au nombre de bouteilles de soda au gingembre que vous voudrez préparer. Assurez-vous d'utiliser des bouteilles de soda en plastique, les bouteilles en verre pourraient exploser à cause de la carbonatation, ce qui ne serait pas joli. Calculez la quantité d'eau dont vous aurez besoin pour remplir ces bouteilles aux 3/4, puis faites-les bouillir pour les purifier. Dissoudre suffisamment de sucre dans l'eau pour lui donner un goût très sucré, aussi sucré qu'un soda. Vous pouvez également ajuster cela plus tard.

À l'aide d'une étamine, filtrez la plante dans une grande tasse ou un bol à mesurer. À l'aide d'un entonnoir, ajoutez environ une tasse de liquide végétal dans chaque bouteille de soda propre et sèche, plus si vous le voulez plus fort, moins si vous le voulez moins intense. Ajoutez de l'eau fraîche dans les bouteilles jusqu'à ce qu'elles soient pleines aux 3/4, puis remuez avec un cure-dent pour combiner. vous pouvez tremper votre doigt et tester ici pour voir si le mélange a besoin de plus de gingembre. Si c'est le cas, ajoutez plus de liquide végétal. Ne vous inquiétez pas s'il semble trop sucré - la levure va manger le sucre et le transformer en alcool, donc la majeure partie disparaîtra. Vous pouvez le rajouter plus tard.

Fermez bien les bouteilles avec leurs bouchons et remettez-les dans l'endroit chaud où vous aviez votre plante. Pressez les bouteilles une fois par jour pour tester leur carbonatation. Après quelques jours, ils devraient être difficiles à comprimer ; lorsqu'il est impossible de les comprimer du tout, commencez lentement à dévisser le bouchon jusqu'à ce que la carbonatation commence à se libérer; Ne l'ouvrez pas complètement ! Faites cela tant que vous ne pouvez pas du tout compresser la bouteille.

Après une semaine et demie à deux semaines, la levure devrait avoir consommé la majeure partie du sucre de la bouteille. Cela signifie que votre soda au gingembre est prêt à être ouvert et dégusté ! Si vous avez plusieurs bouteilles, ouvrez-en une et goûtez. Ajoutez plus de sucre ou de jus de citron si vous pensez que votre soda au gingembre en a besoin. Servez de la glace aux agrumes et un rhum flottant si cela vous semble dangereux. Assurez-vous de consommer la bouteille entière dans les 24 heures suivant l'ouverture; n'hésitez pas à demander à un ami ici. Il est impossible de mesurer la teneur en alcool de votre bière de gingembre, mais elle devrait être légèrement inférieure à celle d'une bière légère. Prendre plaisir!

Bière sans gluten

Ingrédients
- Grain Bill : 2,7 kg de malt de mil pâle ; 150 g de malt de mil cristal; 150 g de malt de millet de Munich Broyé (moulu) en une farine
- Houblon : 12 g Northdown 60 min ; 12 g de Goldings 60 min ; 12 g Vers le nord 10 min ; 12 g de Golding 10 min
- Levure : Fermentis S-04
- Eau : 30 lt Prétraitée la veille
- Calcium : 3 cuillères à café de gypse ($CaSO_4$)
- Élimination du chlore : 1/8 cuillère à café de métabisulfite de sodium pour l'élimination des chloramines

Taille du lot : 17,0 litres
Couleur: 6 SRM
Amertume : 1 IBU
Efficacité : 95%
Gravité d'origine : 1,042
Gravité finale : 1,008
ABV : 4,4 %

Instructions
- ♋① Le choc
- ♌① Le régime de la purée
- ♍① Louange

Bière Gratzer

Ingrédients pour 5 gallons :
- 8,0 livres | Weizenrauchmalz *
- 1,5 onces | Houblon Lublin, 3,7% aa (60 min)
- 0,5 onces | Houblon Lublin, 3,7% aa (30 min)
- Levure de bière neutre

Spécifications :
Gravité d'origine : 1,041
Force: 4% ABV
Amertume : 20 IBU
Couleur : 2 SRM

Adresses :
Effectuez le programme de brassage suivant* : 30 minutes à 100 °F ; 30 minutes à 125 °F; 30 minutes à 158 °F; et purée. Porter à ébullition pendant 90 à 120 minutes en suivant le

programme houblon ci-dessus. Une fois prêt, carbonatez à 3,0-3,5 volumes de CO_2

Liège Saison

Rendement : 5 gallons (18,93 L)

Ingrédients:

Fermentable
- 3 kg (6,6 lb) de malt Pilsner
- 0,5 kg (1,1 lb) de malt de Vienne
- 0,5 kg (1,1 lb) de malt de blé
- 0,5 kg (1,1 lb) de sucre de table blanc, ajouté en éteignant le feu

Sauter
- 1,0 once (28 g) Aramis * granulés de houblon, 7% aa (60 min.)
- 1,0 once (28g) Granulés de houblon Barbe Rouge **, 8,5% aa (laisser reposer 15 minutes après l'arrêt)
- * Substitutions de houblon Aramis suggérées : Willamette, Challenger

- ** Substitutions de houblon Barbe Rouge suggérées : Jaune, Citra, Centennial
- Levure
- Levure de sauce belge avec un levain suffisant (200 milliards de cellules)
- Divers
- 0,75 cuillères à café (3 g) de mousse d'Irlande ajoutée 15 minutes avant la fin de l'ébullition (facultatif)

Spécifications :
Gravité d'origine : 1.049 (12,2 * P)
Gravité finale : 1,007 (1,8 * P)
ABV: 5,60%

Adresses :

♋ ① Écraser les haricots à 153 °F (67 °C) pendant 60 minutes.
♌ ① Écraser à 76°C (168°F), avec un volume de moût avant ébullition de 7 gal. (26,5 litres).
♍ ① Faire bouillir pendant 60 minutes, en ajoutant du houblon à intervalles spécifiques à partir de la fin de l'ébullition.
♎ ① Refroidir le moût à 62°F (17°C) et ajouter la levure.
♏ ① Fermentation en primaire à 62°F (17°C) jusqu'à ce que la fermentation ralentisse significativement (7-9 jours).
♐ ① Placez-le dans le fermenteur secondaire et laissez-le reposer pendant 10-14 jours à 18°C (65°F).

♑ ① Fût à 2,5 volumes (5 g/L) de CO_2 ou condition de bouteille

avec 4 oz. (113 g) de sucre de maïs.

Malzbier

Ingrédients
- 7 lb de sirop léger sans houblon
- 2 livres de malt Cara-pils
- 2 livres de malt cristallin clair
- 1 livre de malt cristal extra riche
- 1/2 once Hallertauer (5,0% d'alpha)
- 1 once de Willamette (4,5 alpha)

- 1 cuillère à café de sel
- 1 cuillère à café d'acide citrique
- 1 cuillère à café de nutriments de levure
- 1 cuillère à soupe. Levure d'Edme Ale à la mousse d'Irlande

Adresses

Mélanger les carapilas et le malt cristal pendant 2 heures dans de l'eau à 140 degrés. Vaporiser pour faire 4 gallons. Ajouter le sirop et le houblon Hallertauer. Faire bouillir 60 min, en ajoutant de la mousse d'Irlande dans les 30 dernières min. Décanter au primaire, en ajoutant suffisamment d'eau pour faire 5 gallons. Ajoutez du sel, de l'acide citrique, des nutriments de levure et du houblon sec avec du houblon Willamette. Il y a environ un an, je suis allé à une fête où l'hôte a bu environ 20 sortes de bonnes bières différentes. L'une était une bière allemande Malz qui était délicieuse! Il a une merveilleuse saveur douce, maltée et corsée. En supposant que votre corps soit obtenu avec de la dextrine et du malt cristallin, j'ai cuisiné cette recette. Il est prévu que la totalité ou peut-être la majeure partie de la dextrine et du maltose caramélisé restent après la fermentation pour donner au malt la saveur et le corps.

Bière à la citrouille de Noël

Rendement : 6 gallons américains (22,7 L)

Ingrédients:
MALTE
- 8,0 lb (3,6 kg) de malt Maris Otter
- 4,0 lb (1,8 kg) de malt de Munich
- 2,0 lb (907 g) de malt aromatique

- 10 oz (284 g) de malt CaraMunich
- FERMENTABLE
- 8 oz (227 g) de cassonade
- 5 lb (2,3 kg) de citrouille préparée selon les instructions, faire bouillir pendant 90 minutes
- 1,25 oz (35 g) Granulés de houblon alpha Fuggle 4,6%, 45 min
- 3,0 cuillères à café de cannelle, 5 min
- 1,9 cuillères à café de muscade, fraîche, 5 min
- 1,0 cuillère à soupe de racine de gingembre, 5 min
- 4,0 cuillères à café de vanille, fermenteur secondaire
- 100 g de sucre primaire

LEVURE
- White Labs 002 Levure Ale

Spécifications :
- Gravité d'origine : 1,071
- Gravité finale: 1.015
- ABV : 7,40 %
- IBU : 19
- SRM : 12

Adresses :
Utilisez une purée d'infusion en une étape. Ajouter 19 pintes (18 litres) d'eau à 168 ° F (76 ° C) au grain moulu pour établir une température de purée de 155 ° F (68 ° C). Tenez pendant 60 minutes. Recueille 7,5 gallons (28,4 L) de moût. Ajouter la courge et porter à ébullition. Ajouter la cassonade et le houblon à 60 et 45 minutes, respectivement. Ajouter les épices avec cinq minutes restantes et laisser reposer encore cinq minutes. Fermentation pendant une semaine. Rack au fermenteur secondaire. Goûtez, ajoutez de la vanille et des épices supplémentaires si nécessaire. Prévoyez deux semaines au lycée. Imprimez avec du sucre, une bouteille ou un tonneau.

Recette Umqombothi

INGRÉDIENTS

- 2 kg de farine de maïs
- 2kg de sorgho
- 6 litres d'eau

MÉTHODE

Mélanger la semoule de maïs sorgho avec six litres d'eau bouillante et mélanger jusqu'à l'obtention d'une pâte lisse. Laisser fermenter pendant deux jours, dans un endroit sombre et chaud.

Après le deuxième jour, prélevez deux tasses du mélange fermenté et mettez de côté. Mélanger le reste des pâtes avec deux litres d'eau bouillante dans une casserole et mettre sur le feu. Cuire à feu doux, en remuant fréquemment, pendant environ une heure, puis laisser refroidir.
Remettez ensuite ce mélange dans votre seau, ajoutez les deux tasses de pâtes au levain et remuez, ajoutez enfin un autre kg de sorgho au mélange.
Le lendemain, le mélange devrait bien bouillonner, ce qui signifie que votre bière est prête. Filtrez dans une passoire, laissez refroidir et dégustez.

No Fail Stout (sans gluten)

Rendement: 6 gallons (22,7 L)

Ingrédients:
MALTS ET SUCRES
- 7 lb (3,28 kg) de malt de millet pâle
- 5 lb (2,27 kg) de malt de sarrasin pâle
- 2 lb (907 g) de malt de riz éponge
- 8 onces (227 g) de millet rôti au chocolat
- 8 onces (227 g) de malt de riz noir

- 125 grammes. (113g) Malt de riz Gashog
- 1 livre (454 g) de sirop de candi belge D-180 (ajouter au secondaire)

SAUTER
- 0,5 once (14 g) CTZ, 14% aa @ 90 min
- 0,5 once (14 g) Willamette, 5,5 % aa @ 10 min

LEVURE
- Fermentis Safale S-04 Ale Anglaise

ELÉMENTS SUPPLÉMENTAIRES
- 1 cuillère à café (5 ml) d'enzyme amylase ajoutée à la purée
- 0,25 cuillères à café (2 g) de mousse d'Irlande à 10 min
- 1 cuillère à café (5 ml) de nutriments de levure à 10 min
- 3,75 onces (106 g) de sucre de maïs si embouteillé

Spécifications :
- Gravité d'origine : 1.070 (17P)
- Gravité finale: 1,014 (3,6 P)
- ABV : 7,40 %
- IBU : 30
- MRS: 30

Adresses :

Écraser les haricots avec un supplément d'enzyme amylase pendant 60 minutes à 155 ° F (68 ° C). Faire bouillir 60 minutes, en ajoutant le houblon, la mousse d'Irlande et la levure nutritive aux heures indiquées. Refroidir le moût à 19 ° C (67 ° F), ajouter la levure et fermenter pendant 4 jours. Passer au secondaire et ajouter le sirop de candi belge. Laissez la bière atteindre la densité finale avant la mise en bouteille ou la mise en bouteille.

Bière à la mélasse

Ingrédients pour un lot d'extrait de 5 gallons :

Sucres
- 5 gallons d'eau de source fraîche, filtrée ou glaciaire / de fonte des neiges
- 5 1/2 livres d'extrait de malt noir
- 4 1/2 livres de mélasse

Arômes de malts
- 1/4 livre de malt Crystal 120 L
- 1/2 livre de malt au chocolat
- 1/2 livre de malt Cara Munich
- 1/4 livre d'orge torréfié

Sauter
- 1 once. Granulés de houblon Hallertaur de Nouvelle-Zélande - (Amer)
- 1/2 once Granulés de houblon gemme du Pacifique de Nouvelle-Zélande - (arôme)
- ¼ oz. Houblon sec en vrac (arôme)

Levure
- Levure Nottingham Ale ou autre levure basique
- Instructions pour le brassage :

Tout d'abord, laissez vos malts aromatisants tremper dans 3 gallons d'eau de source chauffée pendant 20 minutes. Ne faites pas bouillir ces haricots, car cela peut détruire certains des processus de brassage les plus subtils. Il est préférable de ne pas dépasser 180 degrés Fahrenheit.

Ensuite, filtrez les malts aromatisants ou sortez le sac de haricots, ajoutez le reste de l'eau dans la bouilloire et portez tout le liquide à ébullition.

Maintenant, éteignez le brûleur et ajoutez votre extrait de malt et votre mélasse, en remuant bien le moût pour vous assurer que les sucres ne brûlent pas au fond de la bouilloire. Une fois les sucres complètement dissous, porter le moût à ébullition et ajouter le houblon amer et faire bouillir le moût pendant 30 minutes en remuant régulièrement. Ajoutez ensuite le houblon aromatisant pendant 15 minutes de plus, puis ajoutez le houblon aromatisant et faites bouillir pendant cinq minutes de plus, puis éteignez le brûleur et laissez refroidir le moût à température ambiante ou 75 degrés, selon la température la plus chaude.

Vous pouvez maintenant transférer le moût dans votre récipient de fermentation propre et aseptisé, préparer la levure et remuer vigoureusement le moût. Maintenant, plantez la levure dans la bière et stockez-la dans une pièce fraîche et sombre pendant une semaine en prenant soin de vérifier le sas tous les jours pour vous assurer que la mousse ne s'est pas échappée par le sas. Si vous utilisez une soufflerie, vous n'aurez pas à vous soucier des sas.

Après cette première semaine, c'est le bon moment pour transférer votre bière dans un récipient de fermentation secondaire pour les deux semaines suivantes, et nous recommandons un récipient de fermentation tertiaire après la troisième semaine. Encore deux semaines et la bière peut être prête à être mise en bouteille ou fermentée. Vérifiez toujours que la bière s'est quelque peu éclaircie ou stabilisée avant la mise en bouteille ou la mise en bouteille.

Porter de genévrier biologique

Ingrédients:
- 2 kg (4,4 lb) d'extrait de malt pâle biologique
- 2 lb (0,9 kg) de malt biologique pâle à deux rangs Hugh Baird biologique
- 1 livre (0,45 kg) de malt Briess Munich biologique
- 340 g (0.75 lb) Briess 60°L Malt Caramel Bio
- 340 g (0,75 lb) de malt au chocolat briess biologique
- 0,5 once (14g) Houblon biologique New Zealand Pacific Gem, 31 IBU (60 min.)
- 0,25 once (7 g) Houblon biologique Hallertauer de Nouvelle-Zélande, 7 IBU (60 min.)

- 0,75 oz. (21 g) Houblon biologique Hallertauer de Nouvelle-Zélande (0 min.)
- 1,0 once (28 g) de baies de genièvre biologiques
- Levure liquide White Labs English Ale
- 1 tasse (237 ml) d'extrait de malt biologique
- 0,25 c. à thé (1 g) de mousse d'Irlande
- 2 cuillères à café (10 ml) de plâtre

Spécifications :
- Gravité d'origine : 1,059
- Gravité finale: 1.015
- ABV: 5,70%
- IBU: 38
- Temps d'ébullition : 60 minutes.

Adresses :
Écraser tous les haricots à 152 °F (67 °C) dans 1,75 gallons (6,6 L) d'eau. Vaporiser avec 4,7 L (1,25 gallon) d'eau. Ajouter l'extrait au moût recueilli, faire assez d'eau pour faire 5,5 gallons (20,8 L) de liquide et porter à ébullition. Ajouter 0,5 onces. (14 g) NZ Pacific Gem et 0,75 oz. (21 g) NZ Hallertauer et faire bouillir pendant 60 minutes. Ajouter 0,75 oz. (G)21 NZ Hallertauer, mousse irlandaise et baies de genièvre. Éteindre le feu. Reposez-vous 10 minutes et buvez une bière maison. Refroidissez le moût à 70 ° F (21 ° C) et transférez-le dans le primaire. Mettre la levure et fermenter pendant une semaine à une température de 18 à 21 ° C (65 à 70 ° F). Transfert au lycée et fermentation pendant une semaine ou deux. Mettez la bière en bouteille et conditionnez-la en bouteille pendant une à trois semaines. Cette bière s'améliore jusqu'à un an.

Brasserie Grain d'Orge

Ingrédients:
- 9 lb (4,1 kg) 6 rangs de malt français Gatinais F ou de malt belge Pilsener
- 0,5 lb (0,23 kg) de vienne française aromatique (3,5 Lovibond) ou de malt de Vienne
- 0,25 lb (114 g) de malt French Caramel (20 Lovibond) ou Crystal malt (20 Lovibond)
- 0,25 lb (114 g) French Caramel Malt (30 Lovibond) ou Crystal Malt (30 Lovibond)
- 4,75 livres (2,2 kg) de flocons de maïs
- 1 livre (0,45 kg) de saccharose

- 2 HBU (56 MBU) houblons allemands Hallertauer, 105 minutes (amer)
- 2 HBU (56 MBU) Houblon aux granulés d'or de brasseurs français ou européens, 105 minutes (amer)
- 2 HBU (56 MBU) Houblon Gold Pellet de Brasseurs Français ou Européens, 30 Minutes (Saveur)
- 1,5 HBU (43 MBU) Pellets de houblon de Styrie slovène Goldings, 10 minutes (arôme)
- 0,25 cuillère à café de mousse d'Irlande
- 0,75 tasse de sucre de maïs pour l'amorçage des bouteilles. Utilisez 1/3 tasse de fécule de maïs si vous faites un baril.
- Wyeast 1728 Scottish Ale Levure ou autre levure produisant un profil de malt avec une faible production d'esters et adaptée à la fermentation à haute densité.

Spécifications :
- Gravité d'origine : 1 087
- Gravité finale : 1.026
- ABV : 8 %
- IBU : 20
- SRM : 8 (16 EBC)
- Temps d'ébullition: 105 minutes.

Adresses :
a) Un mélange d'infusion par étapes est utilisé pour broyer les grains.
b) Ajouter 15 pintes (14 L) d'eau à 130 °F (54,5 °C) au grain moulu, remuer, stabiliser et maintenir à 122 °F (50 °C) pendant 30 minutes.
c) Ajouter 7,5 pintes (7 L) d'eau bouillante, ajouter de la chaleur pour amener la température à 155°F (68°C) et maintenir pendant environ 60 minutes.

d) Après la conversion, augmenter la température à 167 °F (75 °C), filtrer et pulvériser avec 4 gallons (15 L) d'eau à 170 °F (77 °C).
e) Recueillir environ 7 gallons (23 L) d'eau de ruissellement, ajouter du saccharose et du houblon amer et porter à ébullition vigoureuse.
f) Le temps d'ébullition total sera de 105 minutes.
g) Lorsqu'il reste 30 minutes, ajoutez la saveur du houblon. Lorsqu'il reste 10 minutes, ajoutez le houblon aromatique et la mousse d'Irlande. Après une ébullition complète du moût de 105 minutes (en réduisant le volume du moût à un peu plus de 5 gallons), éteignez le feu, puis séparez ou filtrez et faites bouillonner le houblon.
h) Refroidissez le moût à 70 °F (21 °C) et dirigez-le vers un fermenteur aseptisé. Bien aérer le moût refroidi.
i) Ajouter une culture de levure active et fermenter pendant 4 à 6 jours au primaire. Ensuite, transférez-le dans un fermenteur secondaire, réfrigérez-le à 60 °F (15,5 °C) si possible et laissez-le vieillir pendant quatre semaines ou plus.
j) Lorsque le vieillissement secondaire est terminé, amorcez avec du sucre, une bouteille ou un baril. Laisser conditionner à des températures supérieures à 60 °F (15,5°C) jusqu'à ce qu'il soit clair et carbonaté. Utilisez des bouchons et du fil de fer dans la fermeture pour un caractère de « liège » moisi et terreux.

Bière de pomme de terre

Ingrédients:
- 1,5 kg (3,25 lb) Pils Pale Double Row ou Malt Ale (2-4 ° L)
- 2,5 livres (1,13 kg) de malt de Munich (environ 10 ° L)

- 3 kg (6,5 lb) de pommes de terre crues épluchées à température ambiante
- 1,33 oz (37 g) de houblon amer 5% AA (Tettnanger, Fuggles, East Kent Goldings ou Galena)
- 0,5 oz (14 g) de houblon aromatique (Tettnanger, Fuggles, East Kent Goldings ou Willamette)
- 1 cuillère à thé (5 ml) de mousse d'Irlande
- 1 paquet Wyeast 1028 London, White Labs WLP005 British, Wyeast 1007 German Ale, White Labs WLP036 Alt, Wyeast 2042 Danish ou WLP830 German Lager
- 1 tasse (237 ml) de DME ou de sucre de maïs (pour la mise en bouteille)

Spécifications :
- Gravité d'origine : 1.048
- Gravité finale : ~ 1,010 (dépendra de la levure)
- ABV : 5 %
- Temps d'ébullition : 60 minutes.

Adresses :
À l'aide d'un mélangeur ou d'un mélangeur, écrasez les pommes de terre crues épluchées. Ensuite, préparez une purée rapide à gros grains à une température d'environ 156 ° F (69 ° C). Utilisez le moins d'eau possible, mais évitez les grumeaux et les zones sèches. Ensuite, versez la purée de pommes de terre dans le lit de grains et mélangez le grain et les pommes de terre uniformément pour une exposition maximale des deux à tous les amidons de la purée. Enfin, couvrez le lit de céréales/pommes de terre avec environ un pouce d'eau à environ 172 ° F (78 ° C). Toute la conversion de l'amidon doit être terminée en 20 minutes environ après le mélange du grain avec la purée de pomme de terre. À ce stade, vous pouvez commencer à faire recirculer le moût pendant 15 à 20 minutes.

Versez le moût dans une bouilloire et arrêtez de bouillonner lorsque la gravité de la bouilloire est d'environ 1,044. Permettant une évaporation de 10%, cette gravité de pré-ébullition devrait amener votre infusion à l'OG cible de 1,048.
Ajouter le houblon amer pendant 15 minutes jusqu'à ébullition.
Ajouter le houblon aromatique 10 minutes avant la fin de l'ébullition.
Suivez le calendrier de fermentation ci-dessus. Prime en bouteilles.
Primaire : 5 jours
Secondaire : 14 jours
Premier flacon : 7-10 jours

Bière pâle au quinoa

Ingrédients:
- 6 livres de quinoa malté, grillé (en purée / arrosé)
- 2 livres de quinoa malté (purée/sparge)
- 0,25 lb de solides de sirop de riz (purée / bulle)
- 2 oz de houblon en grappe (60 min)
- 3 livres de miel de clou de girofle (60 min)
- 4 onces de maltodextrine (60 min)
- 1,5 oz de houblon sterling (30 min)
- 1 once de houblon sterling (15 min)
- 1 cuillère à café de mousse d'Irlande (15 min)
- 1 paquet de levure de bière

instructions additionnelles
- Fermentation primaire : 14 jours à 68 degrés

Profil de bière
- Alcool par vol : 0,0%
- Couleur SRM : 0,0
- Amertume IBU : 0,0
- Type de recette : tout grain
- Rendement : 5,0 gallons

Traiter:
Broyez le quinoa avec 3,5 gallons d'eau avec un coup de 150F, ajoutez des enzymes d'analyse et laissez-le pendant 1 heure. Augmentez la température avec 1 gallon d'eau avec une température d'attaque de 180F et laissez-la pendant une heure.

Faites une pause chaude.

Ajoutez le houblon, les clarifies et les sucres fermentescibles restants comme prévu.

Refroidissez le moût jusqu'à ce qu'il atteigne la bonne température pour ajouter la levure.

Radlermass

INGRÉDIENTS

- 1 tasse de bière (ou ce que vous voulez)
- 1 tasse de boisson gazeuse citron-lime (j'utilise 7-up, mais Sprite, ou même générique citron-lime fonctionne)
- glace
- 1 quartier de citron (garniture) (facultatif)

ADRESSES
Prenez des parts égales de bière et de soda citron-lime sur de la glace pour le garder froid; faites attention à faire beaucoup de mousse, alors allez-y doucement. Au fur et à mesure que vous testez, vous pouvez modifier la quantité de bière ou de soda ; Si vous aimez vraiment la bière, le mélange peut être 3/4 de bière pour 1/4 de soda (ou vice versa si vous n'aimez pas trop la bière mais que vous voulez une saveur). En Allemagne, du moins là où j'habitais dans la région bavaroise du sud, c'est très populaire auprès des jeunes. Ça vaut la peine d'essayer! :).

Avantage

INGRÉDIENTS

- 1,7 kg de riz poli
- 1 paquet de Koji avec 20 g de riz inoculé ou 5 g de spores
- 3-4 litres d'eau douce

INSTRUCTIONS

Étape 1 : Inoculer environ un quart du riz avec du koji. Cela aide à créer suffisamment d'enzymes et une forte culture de démarrage pour décomposer l'amidon. Certains magasins proposent également du riz avec du saké et des boulettes de riz, qui sont pré-inoculés. Si vous ne pouvez pas les trouver, il faut alors créer un lit de riz cuit à la vapeur, saupoudrer la culture de koji et la conserver dans une pièce chaude et humide pendant 24 à 40 heures.

Étape 2 : Utilisez du riz cuit à la vapeur (pas du riz bouilli). Le but est de gélatiniser le riz tout en le gardant suffisamment ferme pour que les enzymes agissent dessus. Faire bouillir le riz va trop attendrir et la conversion de l'amidon ne sera pas efficace.

Étape 3: Refroidissez le riz cuit à la vapeur restant à 25 ° C avant de le mélanger avec du riz koji. Souvent, le cœur du riz est plus chaud, donc un peu de patience est recommandé. Ajoutez un peu d'eau osmosée pour immerger les haricots. Les eaux chlorées et dures doivent être évitées.

fermentation du vin de saké de riz blanc laiteux

Étape 4 : Remuer la purée toutes les 12 heures avec une cuillère en acier aseptisée. Surveillez également la température et ne le laissez pas dépasser 20oC.

Étape 5 : Après quelques jours, nous pouvons égoutter le bouillon, le filtrer et le boire. L'ajout de riz cuit à la vapeur nous permettra de propager davantage la culture.

vin de saké de riz léger après filtrage
Optionnel. Il peut assécher les sédiments. Il contient suffisamment de levure et de koji pour vous aider à faire un deuxième lot.

Shandy

Ingrédients
- votre bière / lager préférée
- votre soda citron-lime préféré (je recommande d'en utiliser un avec du sucre, sans sirop de maïs ni édulcorants), réfrigéré

Instructions
- Versez lentement la moitié de chaque boisson dans un grand verre à bière ou deux (selon la taille).
- Prendre plaisir.

Bière de sorgho

Ingrédients:

- 1 kilogramme. (2,2 lb) Sorgho
- 1/4 once (7 g) de levure chimique

Adresses :

Faire tremper le sorgho dans l'eau pour qu'il commence à germer. Sécher les grains partiellement germés. Écraser le sorgho et faire bouillir dans l'eau pendant environ 15 minutes. Égoutter et mettre dans un grand bol. Ajouter 4 litres d'eau chaude et laisser reposer 1 heure.

Transférer la portion liquide de la purée dans un grand bol et ajouter 8 litres d'eau chaude. Laissez le mélange refroidir naturellement jusqu'à ce qu'il atteigne la température ambiante.

Ajouter la levure et une tasse supplémentaire de malt de sorgho broyé (à partir de grains germés). Remuer vigoureusement.

Fermenter pendant 2 jours à température ambiante, puis filtrer la bière dans des récipients de stockage. Servir les clients assoiffés.

Bière aigre

Fait du:
5 gallons

Ingrédients
- 2 tasses d'extrait de malt sec léger Briess
- 2,5 livres de malt à 2 rangs
- 2,5 livres de malt de blé blanc
- 1 litre d'eau du robinet
- 2 cuillères à soupe de yaourt avec des cultures vivantes et actives (Fage recommandé) ou un supplément probiotique liquide (Good Belly Big Shot recommandé)
- 1 once d'herbes fraîches, comme le romarin, la citronnelle et / ou la citronnelle
- 1 bouteille de 375 millilitres de bière sauvage non pasteurisée (Lindeman's Cuvee Renee est recommandée pour le prix et la disponibilité - consultez cette liste de bières selles viables de Mad Fermentationist.

- 1 paquet de Brettanomyces Bruxellensis (White Labs 650 ou Wyeast 5112)
- Petit contenant de désinfectant Starsan
- 2 gallons d'eau purifiée

Adresses

Dans une casserole moyenne, porter à ébullition 1 litre d'eau à feu vif pour faire du moût de démarrage ou de la bière non fermentée. Retirer du feu et ajouter 2 tasses d'extrait de malt sec jusqu'à dissolution complète. Faire bouillir à nouveau pendant 10 minutes, puis refroidir à 120 ° F en couvrant la casserole avec le couvercle et en faisant couler de l'eau froide du robinet dessus. Une fois refroidi, placez 2 cuillères à soupe de yaourt grec dans un bocal en verre désinfecté de 64 onces ou un pichet en verre, puis versez le moût refroidi sur le dessus. Couvrir le haut du récipient sans serrer de papier d'aluminium, puis isoler avec une couverture ou un manchon en néoprène. Conserver au plus près de 110° pendant 60 à 72 heures.

Faites chauffer 1,5 gallons d'eau dans une casserole à environ 160 °F, puis ajoutez tous les grains en remuant pour éviter les grumeaux. Couvrir la casserole avec le couvercle, retirer du feu et la maintenir à température pendant 1 heure en enveloppant la casserole dans une serviette épaisse. C'est votre "mash tun".

Pendant ce temps, dans une bouilloire séparée, chauffez encore 1,5 gallon d'eau à 170 °. Il s'agit de votre « réservoir à liqueur chaude », qui fournit un réservoir d'eau chaude pour rincer les grains à un stade ultérieur. Lorsque la cuve à liqueur chaude atteint la température, porter la purée à 175° sur feu moyen, puis éteindre le feu.

Placez une grande passoire à mailles fines (d'un diamètre de 12 pouces a une capacité suffisante pour 5 livres de grain) sur le dessus d'une troisième cuve d'infusion de 5 gallons. Versez le contenu de la cuve à purée à travers la passoire à mailles fines dans la bouilloire. Laisser reposer jusqu'à ce que le grain soit complètement égoutté. Versez les 1,5 gallons d'eau de votre réservoir d'alcool chaud sur les haricots dans la passoire, en rinçant tout sucre supplémentaire à la surface des haricots. Une fois terminé, goûtez les haricots; toute douceur devrait disparaître. Si vous remarquez un peu de sucre, faites chauffer plus d'eau à 170° et rincez les haricots jusqu'à ce qu'ils aient un goût doux.

À ce stade, vous devriez avoir environ 3 gallons de moût dans la bouilloire. Porter à ébullition à feu vif, puis ajouter les herbes. Après 15 minutes, sentir la vapeur pour s'assurer qu'il n'y a pas d'odeur de maïs cuit (sulfure de diméthyle ou DMS). Le but est de désinfecter le moût et de faire bouillir le DMS sans perdre une grande partie du rendement. Si vous pouvez détecter l'arôme de DMS dans la vapeur, continuez à faire bouillir jusqu'à ce qu'il ne soit plus évident.

A la fin de l'ébullition, éteignez le feu et placez le thermomètre dans le moût. Versez 2 gallons d'eau purifiée réfrigérée dans la bouilloire, en augmentant le volume à 5 gallons et en abaissant la température à 120-130°F. Remuez vigoureusement avec une grande cuillère pour refroidir davantage si la température est un peu élevée. Une fois qu'il est à température, versez tout le liquide et les solides du starter bactérien de l'étape 1 directement dans la bouilloire. Couvrir hermétiquement d'une feuille d'aluminium ou d'une pellicule plastique et isoler avec une serviette de bain épaisse, en la maintenant à température pendant 24 heures pour assurer une formation d'acide suffisante. Parce que la fermentation génère de la chaleur, une simple isolation suffit pour rester au dessus de 100° pendant la nuit,

24 heures plus tard, désinfectez votre pichet de fermentation en diluant 1 cuillère à café de désinfectant Starsan dans un gallon d'eau à l'intérieur du pichet. Secouez et roulez la carafe sur le côté pour vous assurer que le liquide touche toutes les surfaces intérieures et l'ouverture. Versez une fois terminé. Versez 10 onces de votre bière aigre non pasteurisée achetée en magasin (à réserver pour votre plaisir bien mérité), en réservant un peu plus de 3 onces (environ le quart inférieur de la bouteille) de liquide et d'excréments riches en levure et en bactéries du fond. À l'aide d'un dispositif de siphon automatique, transférez le moût acide dans la carafe, puis versez le liquide restant et les scories dans la carafe. Ajouter un sas et un bouchon en caoutchouc sur le dessus,

Testez périodiquement, à l'aide de votre pipette réservée aux bières acidulées, en commençant environ 2 semaines après le premier jour de brassage. Lorsque la bière est acide et légèrement beurrée (diacétyle), ajoutez les brettanomyces en versant la fiole remplie dans la carafe.

Réessayez avec une pipette environ une semaine après l'ajout de brettanomyces. Si la saveur de beurre s'est dissipée et que la bière a un goût «brillant», utilisez un densimètre désinfecté, un flacon de test et une pipette pour prélever un échantillon. Si la densité est égale ou inférieure à 1,010, la bière est prête à être transférée dans un fût ou des bouteilles ; sinon, continuez à fermenter jusqu'à ce que cet objectif soit atteint. Ne replacez pas la bière testée dans la cruche.

Pour carbonater, chauffez 1 tasse d'eau à ébullition, puis éteignez le feu et ajoutez 4,5 onces de dextrose (sucre de maïs) à l'eau chaude et remuez jusqu'à dissolution. Verser dans une tourie à travers un entonnoir aseptisé et laisser reposer pendant 10 minutes, puis utiliser le siphon automatique pour transférer le liquide dans les bouteilles et ajouter des bouchons et sceller au fur et à mesure. Cela devrait produire environ 48 bouteilles de 12 onces. Vous pouvez également transférer dans un fût désinfecté et carbonaté en suivant les instructions de carbonatation du fût. Pour une carbonatation naturelle, la bière doit être prête en 2 à 3 semaines.

Équipement spécial
3 bouilloires à bière de 5 gallons, pichet en verre de 6,5 gallons, grande passoire à mailles fines, équipement en caoutchouc et en plastique « acide » désigné séparément, y compris hydromètre, pipette et dispositif de siphon automatique, pour la manipulation des microbes sauvages.

Bière épicée Soltice

Rendement : 5 gallons (19 L)

Ingrédients:
- 8,0 lb (3,62 kg) d'extrait pâle
- 1,0 lb (0,45 kg) de sucre candi ambré belge (substitution par ordre de préférence : sucre candi pâle, sucre de maïs)
- 0,45 kg (1,0 lb) de malt belge spécial B
- 0,45 kg (1,0 lb) de malt de Vienne
- 0,45 kg (1,0 lb) de malt de Munich
- 0,45 kg (1,0 lb) 75 ° L de malt cristal
- 0,5 lb (25 g) d'orge en flocons (pour retenir la mousse)
- 1,0 once (28 g) Granulés de houblon Chinook, 12,2 % aa (45 min)
- 1,0 once (28g) granulés de houblon Saaz (KO)
- 1 cuillère à soupe. gypse (ajouté à l'eau de purée)

- 0,5 cuillère à café de mousse d'Irlande (améliore la clarté)
- 0,25 cuillère à café de gingembre séché
- 1 cuillère à café de muscade
- 1 cuillère à café de cannelle
- Zeste de 1/2 orange
- Levure London Ale (Wyeast 1028)

Spécifications :
- Gravité d'origine : 1 084
- Gravité finale : 1.027
- ABV : 7,50%
- SRM : 24

Adresses :
Écraser les haricots dans 2 gallons (7,6 litres) d'eau à 156 °F (69 °C) pendant 30 minutes. Vaporiser avec 7,6 litres (2 gallons) d'eau à 180 ° F (82 ° C). Pour faire tremper les grains : placez les grains dans un sac dans la quantité d'eau froide que vous utilisez normalement pour brasser la bière. Chauffer l'eau à 150 à 160°F (66 à 71°C), laisser reposer 5 minutes, retirer les haricots. Pour tous les grains : Mélanger dans 4 gallons (15,1 litres) d'eau à 156 °F (69 °C) pendant 45 minutes, pulvériser avec 3 gallons (11,4 litres) d'eau à 180 °F (82 °C) . Ajouter l'extrait et le sucre candi et porter à ébullition. Ajouter le houblon Chinook et faire bouillir pendant 45 minutes. Ajouter les épices et la mousse d'Irlande et faire bouillir 15 minutes de plus. Ajouter le houblon Saaz en fin d'ébullition. Refroidir et jeter la levure; Fermenter à 18 ° C (65 ° F) pendant deux semaines. Âge au moins deux semaines de plus avant de boire. Remarque : il s'agit d'une recette de 10 gallons (37,9 litres) réduite à 5 gallons (18,9 litres). Il s'agit d'une version partiellement réduite en purée de la recette de haricots trempés utilisée par Kyle. Pour modifier la version à grains trempés, ajoutez 2 livres (907 grammes) d'extrait pâle et

retirez les malts de Vienne et de Munich. Pour la version à grains entiers, remplacez l'extrait pâle par 10 livres (4,54 kilogrammes) de malt pâle.

Triple Duvet Belge

Rendement: 5 gallons (18,9 L)

Ingrédients:
- 12 lb (5,44 kg) de malt Briess Pilsen
- 1,25 lb (0,57 kg) Dingeman's Cara 8 malt
- 1 livre (0,45 kg) de flocons de riz
- 1 livre (0,45 kg) de sirop de riz solide ou de sirop de riz à 0 min.
- 1 once. (28 g) Styrian Goldings, 6% aa (60 min.)

- 1 once. (28 g) Styrian Goldings, 6% aa (30 min.)
- 1 once. (28 g) Styrian Goldings, 6% aa (0 min.)
- Levure de bière trappiste à haute densité Wyeast 3787
- Levure Wyeast 3711 French Saison Ale

Spécifications :
- Gravité d'origine : 1,075
- Gravité finale : 1.013
- ABV: 8,20%
- IBU : 36
- SRM : 5

Adresses :
Amener 4,75 gal (17,9 L) d'eau de trempage à 167 °F (75 °C) et broyer les grains à 154 °F (68 °C) pendant 1 heure. Chauffer 4,5 gallons (17 L) d'eau pulvérisée à 180 °F (82 °C) dans une bouilloire. Arroser, recueillir 6,25 gal (23,7 L) de moût dans une casserole bouillante et faire bouillir pendant 60 minutes, en ajoutant le houblon comme indiqué. Refroidissez le moût à 72 °F (22 °C), transférez-le dans le fermenteur et hachez les deux levures. Fermenter pendant 2 semaines à 70-72 °F (21-22 °C), puis transférer au secondaire et laisser reposer pendant 2 semaines à 72-75 °F (22-24 °C) avant de mettre en conserve et de servir.

Wee lourd

Rendement : 5,5 gallons américains (20,8 L)

Ingrédients:
MALTE
- 8,28 kg (18,25 lb) de malt pâle Golden Promise
- 8 onces (227 g) 500°L d'orge torréfié

SAUTER
- 3 onces (57 g) East Kent Goldings, 5% aa @ 60 min

LEVURE
- White Labs WLP028 Edinburgh Scottish Ale ou Wyeast 1728 Levure Scottish Ale (de préférence pâte de levure fraîche d'une Scottish Ale).

ELÉMENTS SUPPLÉMENTAIRES

- 1 comprimé Whirlfloc ou 1 c. (5 g) de mousse d'Irlande à 15 min
- 1/2 cuillère à café (2,2 g) de nutriments de levure à 15 min

Spécifications :
- Gravité d'origine: 1.091 (21.8 ° P)
- Gravité finale : 1.025 (6,3 ° P)
- ABV : 8,80 %
- IBU : 36
- SRM : 20

Adresses :
Écraser les haricots à 152 °F (67 °C) pendant une heure. Mélanger à 76°C (168°F) et buller à 77°C (170°F). Recueillir suffisamment de moût pour permettre l'évaporation de l'ébullition de 120 minutes. Après une heure, ajoutez les sauts de 60 minutes. Dans les 15 minutes, ajoutez 1 comprimé Whirlfloc ou 1 c. (5 g) de mousse d'Irlande et de levure nutritive. Après ébullition, remuez vigoureusement le moût pour créer un tourbillon et précipiter la pâte. Refroidir le moût à 63 °F (17 °C) le plus rapidement possible, transférer dans un fermenteur, hacher la levure et oxygéner pendant 1 minute avec de l'oxygène pur. La fermentation doit pouvoir s'élever librement à 67 ° F (19 ° C) pendant les 4 premiers jours. Vous pouvez ensuite continuer à cette température pendant encore 2 semaines, ou jusqu'à ce que la gravité terminale soit atteinte.

Mangouste

Rendement: 5 gallons américains (18,9 litres)

Ingrédients:
MALTE
- 5 livres (2,27 kg) de malt Pilsner
- 2,5 livres (1,13 kg) de malt de blé blanc
- 2,5 lb (1,13 kg) de malt de blé rouge

SAUTER
- 0,75 oz. (21 g) Saaz @ 30 min

ELÉMENTS SUPPLÉMENTAIRES
- 0,25 once (7 g) graines de coriandre broyées @ 10 min
- 0,5 once (14 g) sel de mer @ 10 min
- 4 lb (1,81 kg) de morceaux de mangue surgelés, décongelés, 5 jours au lycée
- acide lactique en option, au besoin pour l'ajustement du pH

LEVURES ET BACTÉRIES
- 1 boîte de jus de mangue Goodbelly

- 2 paquets de Fermentis SafAle US-05

Spécifications :
- Gravité d'origine : 1.048 (11.9°P)
- Gravité finale: 1,011 (2,8 ° P)
- ABV : 4,8 %
- IBU : 8
- SRM : 5

Adresses :

Mélanger à 148 °F (64 °C) pendant 75 minutes et vaporiser comme d'habitude pour récupérer le plein volume avant l'ébullition. Porter le moût à ébullition, ou au moins 180 °F (82 °C), juste pour le stériliser. Refroidir le moût à 110 °F (43 °C). Vérifiez le pH et la gravité, et ajoutez de l'acide lactique, si nécessaire, pour abaisser le pH à 4,5 pour plus de sécurité.

Décantez le jus Goodbelly et versez le sédiment de Lactobacillus dans le moût. Gardez ce moût à environ 90-100 ° F (32-38 ° C) pendant deux jours pour qu'il aigre. Après deux jours, mesurer le pH et la gravité. La gravité ne devrait pas avoir beaucoup changé, mais le pH devrait être tombé en dessous de 3 (le nôtre est tombé à environ 3,3). Le moût aigre doit avoir une odeur propre, aigre et herbacée. Si vous sentez le vomi, vous avez été infecté par autre chose et vous devrez peut-être vous en débarrasser.

Porter le moût aigre à ébullition et ajouter le houblon et les épices aux heures indiquées. Refroidir à 70°F (21°C), passer au fermenteur et placer l'US-05.

À la fin de la fermentation, décongelez et recongelez la mangue deux à trois fois pour aider à briser les parois cellulaires du fruit. Lorsque la fermentation est terminée, ajoutez la mangue décongelée et laissez reposer dans le fermenteur pendant cinq jours.

Choc au froid pendant deux jours et s'assurer que les fruits se sont déposés au fond du fermenteur avant de les emballer.

Bière aux épices et aux herbes

Rendement : 6,1 gallons. (23 litres)

Ingrédients:
Malts
- 10 livres (4,54 kg) de malt Avangard Pilsner (87 %)
- 1 livre (454 g) de malt de blé blanc Briess (8,7 %)
- 125 grammes. (113 g) Carapils de Briess (2,2 %)
- 125 grammes. (113 g) Cargill (Gambrinus) Miel Malt (2,2%)

Sauter
- 1 once. (28 g) Hallertauer, 4% aa, bouillir 60 min (13 IBU)

- 1 once. (28 g) Hallertauer, 4% aa, bouillir 15 min (6 IBU)
- 1 once. (28 g) Hallertauer, 4% aa, houblon sec 6 jours

Diverse
- 0,46 g de chlorure de calcium - CaCl2 (purée)
- 0,41 g Sel d'Epsom - MgSO4 (purée)
- 0,41 g de gypse - CaSO4 (purée)
- 0,33 g de chlorure de calcium - CaCl2 (bouillonnement)
- 0,3 g de sel d'Epsom - MgSO4 (bullage)
- 0,3 g de gypse - CaSO4 (bullage)
- 1 comprimé Whirlfloc (ébullition, 15 min)
- 5 livres d'ubé rôti (primaire)

Levure
- 1 enveloppe de Fermentis SafLager S-23
- Profil de l'eau
- Ca 21 ppm, Mg 3 ppm, Na 2 ppm, Cl 12 ppm, SO4 21 ppm, HCO3 25 ppm

Spécifications :
- Gravité d'origine : 1.051
- Gravité finale : 1,006
- IBU : 19
- MRS: 4

Adresses :

Mélanger à 149 °F (65°C) pendant 60 minutes. Porter à ébullition pendant 60 minutes, en suivant le programme d'ajout tel qu'indiqué dans les ingrédients. Fermentation en primaire pendant 14 jours à 68°F (20°C). Carbonate à 2,4 vol. (4,8 g/L) CO2

gardien de but balte

Rendement : 6 gallons américains (22,7 L)

Ingrédients:
MALTE
- 8,5 lb (3,86 kg) Weyermann Munich Type I
- 3,40 kg (7,5 livres) de malt fumé Weyermann
- 2 livres (907 g) Weyermann Munich Type II
- 567 g (1,25 lb) Dingemans Spécial B
- 1 livre (454 g) de Weyermann Caraaroma
- 1 livre (454 g) de blé au chocolat Weyermann
- 12 onces (340 g) Verre de Briess 60
- 3 onces (85 g) Weyermann Carafa II Spécial

SAUTER
- 1,5 once (43 g) Magnum, 11,8 % aa @ 60 min
- 1,25 once (35 g) Hallertau Mittelfrüh, 3,9% aa @ 15 min

LEVURE
- 2 packs en démarreur 10 L Fermentis Saflager W-34/70

INGRÉDIENTS SUPPLÉMENTAIRES

- 1 livre (454 g) de mélasse à pâtisserie

TRAITEMENT DE L'EAU
- Pour une eau faiblement minérale, ajoutez 1 c. chlorure de calcium et ½ cuillère à café de gypse.

Caractéristiques:
- Gravité d'origine : 1.104 (24.6°P)
- Gravité finale : 1.026 (6,6 °P)
- ABV : 10,2 %
- IBU : 56
- SRM : 51
- Efficacité : 70 %

Les directions:
Écraser à 153 °F (67 °C) pendant 60 minutes. Arroser, ajouter la mélasse et faire bouillir 90 minutes, en ajoutant le houblon comme indiqué. Fermentez en utilisant la méthode de la lager rapide dans l'article. Coup de froid. Ajouter la levure Safale US-05 et 2,5 oz. (71 g) de sucre de table en bouteille ou en fût

pour obtenir 2,5 vol. (5 g / L) CO_2. Lager pendant deux mois à

35 ° F (2 ° C).

stout irlandais

Rendement : 5 gal US. (18,9 litres)

Ingrédients:
MALTS
- 6,5 livres Malt pâle Maris Otter
- 2 livres orge en flocons
- 1,5 lb 550°L d'orge torréfié
- 125 grammes. 550 ° L malt noir

HOUBLON
- 0,75 oz. (21 g) Pépite, 11 % yy @ 60 min
- 0,5 once (14 g) Galène, 11 % aa @ 30 min
- 0,5 once (14 g) East Kent Goldings, 4,5 % aa à 10 min

LEVURE

- Ténèbres impériales A10

Caractéristiques:
- Gravité d'origine : 1.053 (13,1°P)
- Gravité finale : 1.014 (3.6°P)
- ABV : 5,2 %
- IBU : 50
- SRM : 56

Les directions:
Écraser à 152 °F (67 °C) pendant 60 minutes. Faire bouillir 60 minutes, en ajoutant du houblon comme indiqué. Fermenter à 64 °F (18 °C) jusqu'à ce que la densité se stabilise à ou près de 1,014 (3,6 °P). Paquet avec 1.1 vol. (2,2 g/L) de CO2 et éventuellement servir sur nitro.

VERSION EXTRAIT Remplacez la loutre Maris et l'orge floconnée par 6,5 lb. (2,9 kg) d'extrait de malt liquide Maris Otter et 1 lb. (454 g) Carapils. Faites infuser les carapils, l'orge rôtie et le malt noir pendant 30 minutes à 155°F (68°C) dans 2 gal. (7,6 L) d'eau. Retirez les grains de macération et dissolvez soigneusement l'extrait de malt dans le moût obtenu. Complétez avec de l'eau jusqu'au volume d'ébullition souhaité et procédez à l'ébullition comme ci-dessus.

Lager brune tchèque

Rendement : 5,5 gallons (21 L)

Ingrédients:
- 6 lb (2,7 kg) de malt allemand de Vienne (Weyermann) - Mash
- 2 lb (907 g) de malt allemand de Munich (Weyermann) - Mash
- 8 oz (227 g) Malt de Munich foncé (Weyermann) - Purée
- 8 oz (227 g) Caramunich II (Weyermann) - Vorlauf
- 8 oz (227 g) Carafa II Spécial (Weyermann) - Vorlauf
- 0,65 oz (18 g) de pastilles tchèques Saaz 3,6% - FWH
- 0,65 oz (18 g) de pastilles tchèques Saaz à 3,6 % à 60 min
- 0,65 oz (18 g) de pastilles tchèques Saaz 3,6% à 0 min
- White Labs WLP802 Levure tchèque Budejovice Lager

Caractéristiques:
- Gravité d'origine: 1048

- Gravité finale : 1 012
- ABV : 4,8 %
- IBU : 18
- SRM : 22
- Efficacité: 75%

Les directions:
Traitement de l'eau : eau RO traitée avec ¼ c. à thé d'acide phosphorique à 10 % par 5 gallons
1 cuillère à café de $CaCl_2$ en purée. Technique de purée : Step mash, mashout, grains noirs ajoutés au vorlauf

Repos de la purée : 131 °F (55 °C) 15 minutes, 147 °F (64 °C) 30 minutes, 158 °F (70 °C) 30 minutes, 170 °F (77 °C) 15 minutes.

Variations : Peut être fait dans diverses forces ; en cas de modification, choisissez la force basée sur des nombres entiers exprimés en degrés Platon (1 044, 1 048, 1 052, 1 057, etc.). La balance peut être ajustée selon les goûts; si vous souhaitez ajuster les saveurs de caramel, modifiez la quantité de Caramunich. Si vous voulez plus de richesse maltée, augmentez le Munich foncé. Si vous souhaitez en faire une décoction de purée de bière, vous pouvez utiliser une seule décoction style hochkurz aux mêmes températures de repos, en tirant la décoction tout en reposant à 145 ° F (63 ° C). Cette version représente l'équilibre plus traditionnel du style, avec une impression plus douce. Les exemples modernes sont souvent plus secs, ont une amertume plus élevée (pour donner une saveur légèrement aigre-douce) et plus de houblon tardif. Pour brasser l'un d'entre eux, augmentez les IBU à environ 30 et doublez l'ajout du dernier saut.

Smoking Speedo Noir IPA

Rendement : 5 gallons américains (19 L)

Ingrédients:
MALTS
- 10 livres (4,53 kg) de malt pâle à deux rangs
- 1,4 lb (649 g) de malt de dextrine
- 8,6 onces (244 g) 120 ° L de malt cristal
- 11,4 onces (324 g) de malt noir patenté (en purée)

HOUBLON
- 0,18 once (5 g) pastilles Columbus, 15 % aa (60 min), 12.2. IBU
- 0,36 once (10 g) pastilles Simcoe, 13 % aa (60 min), 21,1 IBU

- 0,43 once (12 g) pastilles Cascade, 5,75% aa (45 min), 10 IBU
- 1,43 once (41 g) pastilles Cascade, 5,75% aa (15 min), 10 IBU
- 1,43 once (41 g) pastilles Chinook, 13% aa (15 min), 22,5 IBU
- 1,43 once (41 g) Pastilles jaunes (0 min)
- 0,71 once (20 g) granulés Cascade (sec, 21 jours)
- 0,71 oz. (20 g) Granulés de mosaïque (secs, 21 jours)

AUTRES INGRÉDIENTS
- 1 c. (5 g) mousse d'Irlande

LEVURE
- Levure de bière américaine

Caractéristiques:
- Gravité d'origine : 1 067
- Gravité finale: 1016
- IBU : 75
- SRM : 33
- Temps d'ébullition : 90 minutes

Les directions:
Écraser les grains à 152 °F (67 °C) pendant une heure. Fermenter à 68 ° F (20 ° C) jusqu'à ce que la gravité terminale soit atteinte. Ajouter le houblon sec en secondaire et emballer après trois semaines.

Extraire la version de remplacement 7,3 lb. (3,3 kg) sirop d'extrait de malt léger pour malt pâle à deux rangs. Faire infuser les grains restants à 155 ° F (68 ° C) pendant une heure. Rincez les grains, dissolvez le sirop d'extrait et faites bouillir.

Dunkelweizendoppelbock

Rendement : 5 gallons américains (19 L)

Ingrédients:
MALTS
- 9,28 livres (4,21 kg) Weyermann® Barke® Pilsner Malt (46,5%)
- 5,39 livres (2,44 kg) de malt de blé pâle Weyermann® (27 %)
- 3,0 livres (1,36 kg) de malt de blé noir Weyermann® (15 %)
- 1,5 lb (680 g) de malt Weyermann® Carawheat® (7,5 %)
- 0,6 lb (272 g) Malt Acidulé Weyermann® (3%)
- 0,2 lb (90 g) malt de blé au chocolat torréfié Weyermann® (1%)
- 1,6 lb. (723 g) coques de riz

HOUBLON
- 0,5 once (14 g) Herkules, 14,5% aa, 60 min
- 0,3 once (7 g) Saphir, 3,25 % aa, 10 min
- 0,8 onces (21 g) Saphir, 3,25 % aa, 5 min

LEVURE
- Fermentis WB-06 ou Fermentis Safbrew Abbaye

Caractéristiques:
- Gravité d'origine : 1.101
- Gravité finale : 1.018-1.020
- ABV : 10,20 %
- IBU : 35
- SRM : 20

Les directions:

Pâte à environ 113 °F (45 °C) pour une hydratation de 30 minutes et un repos de bêta-glucanase. Pour atténuer les problèmes de lautérisation ultérieurs, il est également conseillé d'ajouter environ 10 % du poids de malt sec dans les balles de riz au moment de l'enduction. Après le repos cytolytique, infuser le moût avec de la liqueur d'infusion chaude pour élever la température à 122 °F (50 °C) pour un repos protéolytique de 30 minutes à la température de pointe de la protéase. Ensuite, augmentez la purée à 149 ° F (65 ° C), la température de pointe de la bêta-amylase. Cela assure la production de beaucoup de fermentescibles, et donc d'alcool. Attendez 30 minutes pour ce repos diastatique. Répétez la montée en température une dernière fois pour atteindre la température maximale de l'alpha-amylase de 162 ° F (72 ° C). Reposez à nouveau la purée, cette fois pendant 15 minutes, pour convertir les amidons restants en dextrines non fermentescibles pour plus de corps dans la bière finie. L'importante facture de grains, conjuguée aux nombreuses infusions d'eau chaude, est également susceptible de remplir le moût à la limite de sa capacité. Faites recirculer le moût à fond pendant peut-être 30 minutes. Puis sparger et lauter simultanément. Utilisez la liqueur de barbotage chaude pour augmenter la température du lit de grains à la température de purée de 170 ° F (77 ° C). Le ruissellement risque d'être lent ! Arrêtez le barbotage dès que la gravité de la bouilloire est d'environ 1,086 (20,8 ° P), en supposant un taux d'évaporation de 10 % pendant une ébullition de la bouilloire de 90 minutes. Dans certaines configurations de cuve à purée, en raison des rapports d'aspect et des conceptions à faux fond, une gravité de la bouilloire de 1 086 peut ne pas être possible d'atteindre. Dans ce cas, arrosez simplement jusqu'à ce que la bouilloire soit pleine. Ensuite, prolongez l'ébullition jusqu'à ce que la gravité nette de la bouilloire de 24 ° P soit atteinte par évaporation. Lors de la pesée des ajouts de houblon, ajustez les quantités au volume net réel projeté de la cuve. Faire bouillir pendant au moins 90 minutes (ou plus si la gravité d'origine au début de l'ébullition est un problème). Ajoutez du houblon amer 60 minutes avant l'heure d'arrêt prévue. Ajouter le houblon de saveur avec 10 minutes de temps d'ébullition restantes. Ajoutez du houblon aromatique 5 minutes avant l'arrêt. Whirlpool et chill. Mettez environ deux fois plus de levure que vous le feriez normalement pour une infusion «normale» et aérez bien. Dans notre lot expérimental, nous avons utilisé 1,5 oz/5 gal. (44 g / 19 L) de levure sèche. Fermentation primaire du breuvage au milieu de la plage de température préférée de la levure sélectionnée pendant un total de 3 semaines. A la fin de la fermentation primaire, soutirer l'infusion dans une cuve propre pendant 7 à 8 jours de fermentation secondaire. Amorcer et mettre en bouteille la bière Alternativement, mettez la bière dans un fût et laissez-la mûrir pendant 2 semaines sous pression. Enfin, ajustez la carbonatation dans le fût à 3,3 à 4,5 volumes (6,6 à 9 g/L) de CO_2 avant de la distribuer non filtrée du fût.

Triplex

Rendement: 6 gallons (22,7 L)

Ingrédients:
- 7,2 lb (3,26 kg) English Pale Ale LME (3,5° L) | 68,9%
- 1,0 lb (0,45 kg) de lactose en poudre (sucre du lait) (0 ° L) | 9,6%
- 1,0 lb (0,45 kg) de malt noir verni (525 ° L) | 9,6%
- 0,75 lb (340 g) Cristal (80 ° L) | 7,2%
- 0.5 lb (227 g) Pale Chocolate Malt (200 ° L) | 4,8%
- 1,5 oz (43 g) Kent Goldings 5% AA à 60 minutes
- Levure (White Labs WLP006 Bedford British, Wyeast 1099 Whitbread Ale ou Fermentis Safale S-04
- * La recette est destinée à donner 6 gallons à la fin de l'ébullition. On suppose que 5,5 gallons sont acheminés vers le fermenteur (ce qui représente une perte de 1/2 gallon). Le volume final doit être de 5 gallons pour la mise en bouteille (ce qui représente une perte de 1/2 gallon)

Caractéristiques:
- Gravité d'origine : 1.060 (14.8°P)
- Gravité finale : 1.023 (5.7°P)
- ABV : 4,90 %
- IBU : 29
- MRS: 39 (78 EBC)
- Temps d'ébullition : 60 minutes

Les directions:
Fermentation et conditionnement
Utilisez 11 grammes de levure correctement réhydratée, 2 sachets de levure liquide ou préparez une entrée appropriée.

Fermenter à 68 °F (20 °C).

Une fois terminé, carbonatez la bière à environ 1,5 à 2 volumes.

Option tout-grain Remplacez l'extrait anglais par 10 lb (4,53 kg) de malt britannique pale ale. Écraser pendant 60 minutes à 151 °F (66 °C). Photo © Siggi Churchill Flickr CC

Pilsner allemand

Ingrédients:
- 9,5 livres (4,3 kg) de malt Briess Vienna GoldPils
- 2 oz. (56 g) de houblon allemand Hallertauer, 4,4% aa (60 min.)
- 1 once (28 g) granulés de houblon allemand Saphir, 4,5% aa (20 min.)
- 1 once (28 g) granulés de houblon Saphir allemand, 4,5% aa (houblon sec)
- 0,25 c. À thé (1 g) de mousse d'Irlande en poudre
- Levure lager allemande ou bavaroise. (Charlie utilise White Labs Cry Havoc)

- 0,75 tasse (175 ml) de sucre de maïs (bouteilles d'amorçage) ou 0,33 tasse (80 ml) de sucre de maïs pour le fût

Caractéristiques:
- Gravité d'origine: 1048
- Gravité finale : 1 012
- ABV: 4,50%
- IBU: 41
- SRM : 5
- Temps d'ébullition : 60 minutes

Les directions:
Une purée d'infusion par étapes est utilisée pour écraser les grains. Ajouter 9,5 pintes (9 L) d'eau à 140 °F (60 °C) au grain broyé, remuer, stabiliser et maintenir la température à 132 °F (56 °C) pendant 30 minutes. Ajouter 4,75 pintes (4,5 L) d'eau bouillante, chauffer pour porter la température à 155 ° F (68 ° C) et maintenir pendant environ 30 minutes. Augmenter la température à 167 ° F (75 ° C), lauter et arroser avec 3,5 gallons (13,5 L) d'eau à 170 ° F (77 ° C). Recueillez environ 5,5 gallons (21 L) d'eau de ruissellement. Ajouter le houblon pendant 60 minutes et porter à ébullition pleine et vigoureuse. Le temps d'ébullition total sera de 60 minutes. Lorsqu'il reste 20 minutes, ajoutez le houblon de 20 minutes. Lorsqu'il reste 10 minutes, ajoutez la mousse d'Irlande. Après une ébullition totale du moût de 60 minutes, éteignez le feu et placez le pot (avec couvercle) dans un bain d'eau froide pendant 30 minutes. Continuez à refroidir pendant l'immersion ou utilisez d'autres méthodes pour refroidir votre moût. Transférer le moût dans un fermenteur aseptisé. Amener le volume total à 5,5 gallons (21 L) avec de l'eau froide supplémentaire si nécessaire. Bien aérer le moût. Lancez la levure lorsque la température du moût est d'environ 70 ° F (21 ° C). Une fois que les signes visibles de

fermentation sont évidents, fermentez à des températures d'environ 55°F (12,5°C) pendant environ une semaine ou jusqu'à ce que la fermentation montre des signes de calme et d'arrêt. Passer du primaire au secondaire et ajouter les boulettes de houblon pour le houblonnage à sec. Si vous en avez la capacité, «lager» la bière à des températures de 35 à 45 ° F (2 à 7 ° C) pendant 3 à 6 semaines. Amorcer avec du sucre et une bouteille ou un fût une fois terminé. Lancez la levure lorsque la température du moût est d'environ 70 °F (21 °C). Une fois que les signes visibles de fermentation sont évidents, fermentez à des températures d'environ 55 ° F (12,5 ° C) pendant environ une semaine ou jusqu'à ce que la fermentation montre des signes de calme et d'arrêt. Portez du primaire au secondaire et ajoutez les granulés de houblon pour le houblonnage à sec. Si vous en avez la capacité, « lager » la bière à des températures de 35 à 45 °F (2 à 7 °C) pendant 3 à 6 semaines. Amorcer avec du sucre et une bouteille ou un fût une fois terminé. Lancez la levure lorsque la température du moût est d'environ 70 ° F (21 ° C). Une fois que les signes visibles de fermentation sont évidents, fermentez à des températures d'environ 55°F (12,5°C) pendant environ une semaine ou jusqu'à ce que la fermentation montre des signes de calme et d'arrêt. Passer du primaire au secondaire et ajouter les boulettes de houblon pour le houblonnage à sec. Si vous en avez la capacité, « lager » la bière à des températures de 35 à 45 °F (2 à 7 °C) pendant 3 à 6 semaines. Amorcer avec du sucre et une bouteille ou un fût une fois terminé.

Seigneur du diable hobo

Rendement: 5,5 gallons (20,82 L)

Ingrédients:
- Pilsner bohème classique
- 11,0 livres (4,99 kg) Malt Pilsner belge
- 2,25 onces (63 g) Saaz, 4,5% aa (60 min.)
- 1,0 once (28 g) Saaz, 4,5% aa (0 min.)
- Wyeast 2124 Levure Bohemian Lager
- Transformateur: Hobo Devil
- Remplacez Bohemian par un malt Pils belge comme Castle et augmentez à 12 lb. (5,44 kilogrammes). Un programme de brassage d'infusion avec un repos protéique est suffisant pour le malt de base hautement modifié: 30 minutes de repos à 122 °F (50 °C) et 148 °F (64 °C), suivis d'une purée à 168 °F (75°C).

- Ajouter 0,5 lb. (227 g) de malt aromatique.
- Ajouter 2 lb. (0,9 kg) de sucre de table à ébullition.
- Diminuer l'ajout amer de Saaz à 2,0 oz. (57 g).
- Remplacez la levure Wyeast 1388 Belgian Strong Ale par la levure Bohemian lager.

Caractéristiques:
- Gravité d'origine : 1 051 | 1 076
- ABV: 5,2% | 8,9%
- IBU : 40 | 35
- SRM : 3 | 5

Les directions:
Ajustez l'eau avec du chlorure de calcium (environ 1 c. À thé ou 5 ml pour une source d'eau neutre) et un minimum d'autres minéraux. Frappez avec 16 pintes (15,14 L) d'eau à 134 °F (57 °C) pour laisser reposer à 122 °F (50 °C) pendant 20 minutes. Décoction # 1: Tirez une décoction épaisse de 1/3 de la purée avec un minimum de liquide. Chauffer la décoction à 152 °F (67 °C) et maintenir pendant 20 minutes dans un récipient séparé, puis porter à ébullition en remuant. Remettre la décoction dans la purée principale pour élever la température à environ 150 °F (66 °C). Décoction n°2 : Tirez une décoction épaisse de 1/3 de la purée avec un minimum de liquide et portez à ébullition. Ajoutez à nouveau à la purée principale pour augmenter la température à 168 ° F (76 ° C) pour une purée de 10 minutes. Fermenter pendant deux semaines à 48-50 ° F (9-10 ° C). Augmenter à 54 ° F (18 ° C) pendant 24 heures, puis écraser à froid à 35 ° F (2 ° C) et conditionner à froid pendant deux semaines supplémentaires.

Porter Framboise Basilic Vieilli

Rendement : 5 gallons (19 L)

Ingrédients:
- 7,75 lb (3,5 kg) à deux rangées nord-américaines
- 1,0 lb (0,45 kg) de malt au chocolat
- 0,5 lb (0,2 kg) Malt noir
- 0,6 lb (0,3 kg) 60L Crystal malt
- 0,25 lb (0,1 kg) Malt de blé
- 0,6 oz (17 g) de houblon Columbus (60 minutes)
- 0,7 oz (19 g) de houblon Vanguard (5 minutes)
- 25,6 fl. oz concentré de jus de framboise (65 Brix)
- Une bonne poignée de feuilles de basilic thaï

- Belle levure de bière anglaise
- 10,0 oz (0,28 kg) de bâtonnets de bois de Palo Santo

Caractéristiques:
- Gravité d'origine : 1.061 (15e plat)
- IBU : 40
- Temps d'ébullition : 70 minutes

Les directions:
Écraser avec 3 gallons (11,4 L) d'eau pour obtenir une température de frappe de 152 °F (66 °C). Reposez-vous pendant 30 minutes.
Vorlauf pour obtenir un moût d'une clarté acceptable, libre ou à grosses particules.
Recueillez suffisamment de moût en prévision d'envoyer 5,5 gallons à votre fermenteur en gardant à l'esprit que vous ajouterez environ un quart de gallon de liquide à la fin de l'ébullition sous forme de concentré de jus de framboise.
Faire bouillir pendant 10 minutes et ajouter tous les houblons de colomb. Faire bouillir encore 55 minutes et ajouter le houblon Vanguard.
Après encore 5 minutes d'ébullition, retirez le feu de la bouilloire et incorporez le concentré de jus de framboise et laissez reposer 10 minutes.
Refroidissez le moût et envoyez-le au fermenteur primaire.
Aérer le moût et lancer la levure.
Une fois que la bière atteint sa densité terminale d'environ 1,015 (3,8° Platon), préparez un fermenteur secondaire.
Ajoutez-y le basilic qui sera macéré avec un peu d'alcool neutre et les bâtons de bois de Palo Santo, qui peuvent être trempés pendant 10 minutes dans de l'eau à 185 ° F (85 ° C) acidifiée avec de l'acide phosphorique de qualité alimentaire à une concentration d'environ 0,25% ou cuit à la vapeur pour désinfecter.

Soutirez la bière au secondaire et laissez-la vieillir pendant environ trois semaines. Emballez-le comme vous le feriez normalement et profitez-en.

Remarque : les bâtons de bois de Palo Santo trouvés en ligne sont chers, mais peuvent être réutilisés car ils sont riches en résine aromatique.

Bière d'épicéa

Ingrédients
- 1 gallon d'eau
- Sac en plastique de 1 gallon rempli de branches d'épinette (les pointes et la nouvelle croissance)
- 1 tasse de sirop d'érable noir
- 1/4 once de houblon (comme Willamette et Centennial)
- 1 sachet de levure de bière
- 6 raisins secs
- 5 baies de piment de la Jamaïque, concassés (facultatif)

- 1 cuillère à café de gingembre moulu (facultatif)

Pas

Faire bouillir l'eau, le houblon et les épices dans une grande casserole pendant 20 minutes. Ajouter les branches d'épinette et faire bouillir encore 10 minutes. Filtrez le mélange à travers un sac à infusion en filet (si vous en avez un) ou une passoire en métal. Laissez le liquide reposer jusqu'à ce qu'il soit chaud.

Désinfectez une cruche en verre d'un gallon (appelée fermenteur). Vous pouvez le faire avec un désinfectant sans rinçage, disponible dans les magasins de brassage. Versez le liquide d'épinette chaud dans la cruche; si vous utilisez un entonnoir, assurez-vous de le désinfecter également. Ajouter la levure et le sucre. Bouchez la cruche avec un bouchon en caoutchouc désinfecté et un sas. Conserver dans un endroit frais et sombre et laisser fermenter pendant 2 à 4 jours, ou jusqu'à ce qu'il cesse de bouillonner.

Désinfectez vos bouteilles (Lohman préfère les bouteilles à bouchon à clip de 250 ml, mais vous pouvez les mettre en bouteilles dans de petites bouteilles de bière traditionnelles) en les faisant bouillir pendant 30 minutes, puis en les laissant refroidir à l'envers. Mettez trois raisins secs au fond de chaque bouteille et remplissez avec le liquide. (La recette originale prétend que les raisins secs arrêtent le processus de fermentation, mais c'est une erreur ; ils doivent donner à la levure un dernier repas, qui carbonate la boisson une fois qu'elle est embouteillée.)

Laisser reposer encore deux jours, puis réfrigérer. Oubliez cela et vous pourriez vous diriger vers une disparition triste et vinaigrée, au lieu du bonheur de la bière à l'ortie.

Bière à l'ortie

- 1kg de feuilles d'ortie
- 4l d'eau
- 1 citron, pressé
- 750g de sucre
- 25g de crème de tartre
- 1 sachet de levure de bière
- ENREGISTRER LA RECETTE
- IMPRIMER LA RECETTE

- LISTE DE COURSES
- Équipement
- Bouteille dame-jeanne avec sas et bonde
- Bouteilles marron 750ml (6)

Méthode

a) Tout d'abord, lavez soigneusement les orties dans l'évier, puis égouttez-les. Si vous avez une essoreuse à salade, c'est très utile pour éjecter les bestioles effrayantes qui pourraient se cacher dans les feuilles
b) Ensuite, portez l'eau à ébullition dans une marmite et jetez-y les têtes d'ortie. Faire bouillir fort pendant 15 minutes, puis filtrer soigneusement dans une autre marmite
c) Incorporer le sucre, le jus de citron et la crème de tartre jusqu'à ce que tout soit dissous, et laisser refroidir à température ambiante bière d'ortie
d) Versez (ou saupoudrez) la levure de bière sur la surface de l'infusion d'ortie, puis couvrez d'un chiffon en mousseline ou d'un torchon et laissez reposer toute la nuit
e) Le lendemain, prenez une bouteille de dame-jeanne et versez-y l'infusion à l'aide d'un entonnoir. Garnir d'une bonde et d'un sas à eau puis laisser fermenter et bouillonner jusqu'à 6 jours
f) Siphonnez dans des bouteilles brunes propres, bouchez-les puis laissez refroidir au réfrigérateur pendant une semaine avant de boire la recette de la bière de gose

Bière NorCal Gose

Ingrédients
- 29 onces d'extrait de malt de blé sec (54%)
- 12 onces d'extrait de malt sec léger (22%)
- 13 onces de malt acidulé, concassé (24%)

- 10 grammes de houblon à faible teneur en acide alpha, comme Saaz ou Styrian Goldings (granulés)
- 20 grammes de baies de genièvre écrasées
- Le zeste pelé d'1 citron
- 14 grammes de sel de mer
- 1 comprimé Whirlfloc (facultatif)
- White Labs German Ale / Kolsch WL029, à température ambiante
- 2 à 3 cuillères à café d'acide lactique 88 % (facultatif)

Instructions

Écrasez le malt acide. Mettez le malt acidulé dans un sac à grains ou attachez-le sans serrer dans une étamine et recouvrez-le de 2 litres d'eau. Portez-le à 150 ° F à 155 ° F à feu moyen et maintenez-le à cette température pendant 30 minutes. Retirez le sac et placez-le sur le pot dans une passoire. Versez 2 litres d'eau chauffée à 170 ° F dessus pour rincer le grain. Laissez le sac s'égoutter pendant 10 minutes, puis retirez-le. Jetez le grain ou donnez-le aux animaux.

Commencez l'ébullition. Ajouter 3 gallons d'eau supplémentaires dans la casserole et porter à ébullition. Au fur et à mesure que l'eau se réchauffe, ajoutez les deux extraits en vous assurant qu'il n'y a pas de grumeaux. Lorsque vous arrivez à ébullition, ajoutez le houblon et réglez la minuterie sur 1 heure.

Ajouter les assaisonnements. À 10 minutes de la fin, ajoutez le genièvre, le sel et le zeste de citron, ainsi que la tablette Whirlfloc si vous l'utilisez. Si vous avez un refroidisseur de moût, il est maintenant temps de le mettre dans le moût bouillant pour qu'il puisse se désinfecter.

Crash refroidissez le moût. Utilisez votre refroidisseur de moût pour refroidir le moût à 75 ° F ou moins, selon la température de l'eau du robinet. Ou, mettez le pot dans une glacière avec beaucoup d'eau glacée dedans. Utilisez une cuillère en métal propre pour créer un tourbillon dans le moût, ce qui l'aidera à

refroidir plus rapidement. J'espère que vous verrez des morceaux noueux dans le moût qui ressemblent à de la soupe aux œufs ou à la séparation du miso dans la soupe: c'est du trub froid, et voir cela signifie que vous aurez une bière plus claire. Déplacez le moût dans le fermenteur. Ajouter la levure au fermenteur; J'utilise une bonbonne en verre. Verser le contenu du pot à travers une passoire aseptisée dans le fermenteur. Si la passoire est toute encrassée de trub, retirez-la avant de continuer. Mettez un sas désinfecté sur le fermenteur et placez la bière dans un endroit où elle peut fermenter au frais, idéalement de 66 °F à 69 °F. Laissez-le là pendant 1 semaine. Soutirer la bière à un secondaire. S'il y a beaucoup de crasse dans le fermenteur, faites passer la bière du fermenteur primaire à un fermenteur secondaire aseptisé - celui-ci doit être une tourie en verre. Je ne le fais que s'il y a beaucoup de crud dans le fermenteur. Dans tous les cas, laissez la bière finir de fermenter pendant 1 semaine de plus.
Mettez la bière en bouteille ou en fût. Si vous embouteillez, vous voulez ajouter suffisamment de sucre d'amorçage au lot pour obtenir environ 3,4 volumes de CO2. Si vous utilisez de l'acide lactique, ajoutez-le à la bière avec le sucre d'amorçage avant la mise en bouteille. Condition de la bouteille 2 semaines avant consommation.

Root Beer lacto-fermentée

INGRÉDIENTS:
- 2-1/2 litres d'eau filtrée
- 1/2 tasse de racine de salsepareille séchée et hachée
- 1/4 tasse de racine de sassafras séchée et hachée
- 1-1/4 à 1-1/2 tasses de sucre de canne entier non raffiné (rapadura ou Sucanat)
- 3/4 tasse de lactosérum
- Bouteilles à couvercle basculant de 3 pintes, soigneusement nettoyées

INSTRUCTIONS:
Mettre les racines et le sucre dans une grande casserole. Ajouter 3 litres d'eau filtrée. Porter à ébullition à feu vif, puis

baisser le feu à doux et laisser mijoter 20 minutes. Retirer du feu, couvrir et laisser reposer 30 minutes.

Filtrer les racines du liquide en plaçant un tamis à mailles fines dans un entonnoir qui s'insère dans le goulot de la bouteille à couvercle basculant. Remplissez les bouteilles en laissant suffisamment d'espace pour la tête pour contenir 1/4 tasse de lactosérum ou de culture de démarrage et il reste encore environ un pouce.

Lorsque la racinette a refroidi à presque la température ambiante (ou environ 80 ° à 85 ° F), ajoutez le lactosérum. Placer le bouchon sur serré et secouer doucement pour mélanger. En laissant le bouchon, conserver à température ambiante pendant 2 à 4 jours, en vérifiant la carbonatation après 2 jours. Réfrigérez lorsque l'infusion est suffisamment pétillante pour vos goûts. Ne pas conserver à température ambiante pendant de longues périodes car il existe toujours une possibilité (à distance) que la bouteille puisse exploser si une pression suffisante s'accumule à l'intérieur.

Si votre infusion ne devient pas pétillante, vous pouvez toujours en profiter en l'ajoutant à un verre d'eau minérale ou de kéfir d'eau.

American Old Guard Stout

Taille du lot: 5,5 gallons (21 litres)

Ingrédients

MALT / GRAIN BILL
- 10 lb (4,5 kg) pâle à deux rangées
- 2 lb (907 g) de Munich
- 1 lb (454 g) Cristal 60L
- 12 oz (340 g) Weyermann Carafa II
- 8 oz (227 g) d'orge grillée

HORAIRE DU HOUBLON
- 1 oz (28 g) de saumon quinnat [13 % AA] à 60 minutes
- 1 oz (28 g) Centennial [10% AA] à 10 minutes
- 1 oz (28 g) Cascade [7% AA] à l'extinction

LEVURE
- White Labs WLP001 California Ale

Caractéristiques
- Efficacité de la brasserie : 70 %
- OG : 1 064
- FG: 1 016
- IBU: 47
- ABV : 6,5 %

DIRECTIONS
Broyer les grains et écraser à 154 °F (68 °C) pendant 60 minutes, en visant un pH de la purée de 5,5. Porter à 168 °F (76 °C) pendant 10 minutes et écraser. Vorlauf jusqu'à ce que les pistes soient dégagées, puis filez dans la bouilloire. Arrosez les grains et complétez au besoin pour obtenir environ 26,5 litres (7 gallons) de moût – ou plus, selon votre taux d'évaporation. Faire bouillir pendant 60 minutes, en suivant le programme du houblon. Après ébullition, refroidir le moût à environ 67 °F (19 °C), bien aérer et lancer la levure. Fermenter à 67 °F (19 °C). Une fois la fermentation terminée, écrasez à froid, conditionnez et carbonatez.

Recette : Châtaigne urbaine Hallertau Wolamot Doppelbock
Brassée une fois par an dans la brasserie Urban Chestnut de Wolnzach, au cœur de la région bavaroise de Hallertau, où se cultive le houblon, voici une recette maison à l'échelle de la

bière forte, maltée et de couleur acajou nommée en l'honneur du fondateur de la ville au 8ème siècle.

Châtaignier Urbain Hallertau Wolamot Doppelbock

Taille du lot : 5 gallons (19 litres)

MALT / GRAIN BILL
- 6,4 lb (2,9 kg) Rhön Pilsner
- 6,4 lb (2,9 kg) Rhön Müncher
- 14 oz (397 g) Weyermann Carahell
- 6 oz (170 g) Weyermann Caramunich II
- 0,5 oz (14 g) Weyermann Carafa Spécial II

HORAIRE DU HOUBLON
- 0,55 oz (16 g) de Perle à 75 minutes [13 IBU]
- 0,5 oz (14 g) de Perle à 30 minutes [9 IBU]
- 0,2 oz (6 g) Hallertauer Mittelfrüh à l'extinction

LEVURE
- Fermentis SafLager W-34/70, ou la souche de lager préférée

Caractéristiques
- Efficacité de la brasserie : 72 %
- OG 1 074
- FG: 1 017
- IBU: 22
- ABV : 7,5 %

DIRECTIONS
Broyer les grains et écraser à 122 °F (50 °C); monter à 126 °F (52 °C) et reposer 15 minutes; porter à 145 °F (63 °C) et reposer 30 minutes; puis porter à 162 °F (72 °C) et reposer 15 minutes. Après cette étape vient une seule décoction : Séparez un tiers de la purée dans un brûleur séparé, portez à ébullition et laissez bouillir pendant 15 minutes. Réunissez la purée. Vorlauf jusqu'à ce que les pistes soient dégagées, puis filez dans la bouilloire. Arrosez et complétez si nécessaire pour obtenir environ 6,5 gallons (25 litres) de moût – ou plus, selon votre taux d'évaporation. Faire bouillir pendant 75 minutes, en ajoutant le houblon selon le programme. Réfrigérer à 46 ° F (8 ° C), bien aérer et lancer beaucoup de levure saine. Fermentation à 50 °F (10 °C) pendant environ 10 jours, jusqu'à ce que la fermentation soit terminée et que la bière ait éliminé le diacétyle (voir Chasse au diacétyle).

Petite Saison Fantôme

Taille du lot: 5,5 gallons (21 litres)
Efficacité de la brasserie : 72 %
OG: 1 054
FG : 1.008
IBU: 33

ABV : 6,1 %.

MALT / GRAIN BILL
7 lb (3,2 kg) de pilsner belge
1 lb (454 g) de flocons d'avoine
8 oz (227 g) de carapils
4 oz (113 g) de malt aromatique

HORAIRE DES HOUBLON ET AJOUTS
1,5 lb (680 g) de cassonade claire à 90 minutes
1,5 oz (43 g) Hallertauer Tradition [AA 6 %] à 60 minutes
1 oz (28 g) de Styrian Goldings [2,6 % AA] à 20 minutes

LEVURE
East Coast Yeast Farmhouse Blend Isolate ECY03-B, ou un levain à base de lie de bouteille Fantôme.

MODE D'EMPLOI Broyer les grains et écraser à 150 ° F (66 ° C) pendant 60 minutes. Vorlauf jusqu'à ce que les pistes soient dégagées, puis filez dans la bouilloire. Arrosez les grains et complétez au besoin pour obtenir 7,3 gallons (28 litres) de moût – ou plus, selon votre taux d'évaporation. Faire bouillir pendant 90 minutes en suivant le programme de houblon et d'ajouts. Après l'ébullition, réfrigérer le moût à environ 63 ° F (17 ° C), aérer le moût et lancer la levure. Maintenir à 63-64 ° F (17-18 ° C) pendant 2 à 3 jours, puis laisser la température monter à 70-80 ° F (21-27 ° C) tempérée par un bain-marie. Laisser fermenter complètement avant d'emballer.
 Basculer la navigation
Logo de la bière artisanale et du brassage
PUBLICITÉ

Recette de bière brune au lapin blanc

Taille du lot : 5 gallons (19 litres)

MALT / GRAIN BILL
- 9 lb (4,1 kg) Maris Loutre
- 8 oz (227 g) British Medium Crystal Malt (65L)
- 8 oz (227 g) de Caramunich
- 12 oz (340 g) de malt au chocolat

HORAIRE DU HOUBLON
- 1 oz (28 g) Hallertau [4% AA] à 60 minutes
- 0,5 oz (14 g) Liberty [5% AA] à 10 minutes
- 0,5 oz (14 g) de cristal [5% AA] à 10 minutes
- 0,5 oz (14 g) Liberty au houblon sec
- 0,5 oz (14 g) Crystal au houblon sec

LEVURE
- Wyeast 1318 London Ale III

Caractéristiques
- Efficacité de la brasserie : 72 %
- OG : 1 058
- FG : 1 014
- IBU: 22
- ABV: 5,7%

DIRECTIONS

♋① Broyer les grains et mélanger avec 3,36 gallons (12,7 l) d'eau de frappe à 163 °F (73 °C) pour atteindre une température de purée de 152 °F (67 °C). Maintenez cette température pendant 60 minutes. Vorlauf jusqu'à ce que vos courses soient claires, puis courez dans la bouilloire. Arrosez les grains avec 3,9 gallons (14,7 l) et complétez au besoin pour obtenir 6 gallons (23 l) de moût. Faire bouillir pendant 60 minutes, en suivant le programme du houblon.

♌① Après l'ébullition, refroidissez le moût à une température légèrement inférieure à la température de fermentation, environ 63 °F (17 °C). Aérer le moût avec de l'oxygène pur ou de l'air filtré et lancer la levure. Fermenter à 65 °F (18 °C) pendant 7 jours, puis laisser la température monter à 68 °F (20 °C). Écraser la bière à 35 °F (2 °C), ajouter le houblon sec, puis au bout de 5 jours, mettre la bière en bouteille ou en fût et carbonater à environ 2 volumes.

CONCLUSION

Vous connaissez maintenant le processus de base pour brasser votre propre bière à la maison. Au fur et à mesure que vous gagnez en expérience et en confiance, vous pouvez travailler sur plus de rides, par exemple en utilisant du gypse pour durcir votre eau de brassage (si nécessaire) ou en ajoutant de la mousse d'Irlande à votre ébullition pour aider à la clarté de la bière.

C'est tout ce qu'il y a à faire votre propre bière. Après avoir laissé la bière se conditionner, il est temps de la partager avec vos amis et votre famille et de vous vanter de la façon dont vous l'avez faite vous-même. Bienvenue dans le brassage maison !

Bon brassage !